Monica Toselli

Adottare un figlio

Monica Toselli

Adottare un figlio

Guida per i genitori

GIUNTI DEMETRA

Impaginazione: Il Quadrifoglio, Firenze
Editing e redazione: Paola Agostini e Maria Rosa Brizzi

Ringrazio la dottoressa Valentina Svelto per gli utilissimi suggerimenti e stimoli, la professoressa Gaia Pieraccioni per l'illuminante conversazione, le amiche, Lucia, Simonetta, Sandra e molti altri per avermi fatto condividere le loro esperienze.

www.giunti.it

Via Bolognese 165 - 50139 Firenze - Italia
Via Dante 4 - 20121 Milano - Italia
Prima edizione: settembre 2008

Ristampa	Anno
6 5 4 3 2 1 0	2012 2011 2010 2009 2008

Stampato presso Giunti Industrie Grafiche S.p.A. - Stabilimento di Prato

Introduzione

La stesura di questo libro deriva dal fatto che sul tema dell'adozione sono stata spinta a riflettere per motivi professionali e personali.

Sono una psicologa dello sviluppo che, anche senza svolgere il lavoro clinico con i pazienti, si è trovata dinanzi a studi e ricerche riguardanti a questo tema e, talvolta a quelli relativi al fenomeno dell'adozione, e inoltre, cosa molto più significativa, sono una mamma adottiva.

Si è verificata quindi quella combinazione che potrebbe essere ritenuta come particolarmente fruttuosa: vivere una situazione per la quale si dispone di "istruzioni scientifiche" per l'uso.

Capita spesso di vedere sopravvalutati gli psicologi nella loro capacità di affrontare la vita o le altre persone, delle quali dovrebbero, con grande facilità, interpretare e scoprire i segreti, valutando subito doti, virtù, difetti, capacità intellettive. È come se lo sguardo dello psicologo avesse lo stesso potere diagnostico delle analisi cliniche. Ovviamente non è così e quindi non è difficile rassicurare i propri interlocutori sul fatto che affrontiamo i rapporti interpersonali con armi pari rispetto ai "laici".

Basta fare mente locale alla quantità di infelicità, divorzi, sofferenza mentale che affligge la categoria per rendersi conto che conoscere i meccanismi della mente, avere studiato come funzionano alcune attività psichiche non mette gli psicologi al riparo dalle difficoltà psicologiche.

Le mie letture non mi hanno quindi resa un genitore adottivo particolarmente competente: so sbagliare da sola!

Più efficace degli studi è la riflessione, eventualmente accompagnata e seguita da uno psicoterapeuta, di qualsiasi orientamento egli sia, per cercare di capire cosa sta succedendo in generale e cosa mi sta succedendo.

D'altro canto avere studiato esperienze e ricerche svolte da altri fornisce indubbiamente qualche vantaggio, una qualche sicurezza più o meno illusoria e la capacità di relativizzare e fare dei confronti tra le proprie vicende e quelle descritte nei libri.

Il titolo di un celebre testo inglese sull'adozione di Barbara Tizard, Adoption, a Second Chance, *definisce l'idea che ho della vicenda adottiva: una "doppia opportunità", come dono e come nascita. Lo è per il bambino che riceve un dono e rinasce in quanto ottiene finalmente cura, protezione, famiglia, ma lo è altrettanto per la coppia, che riceve il dono della soddisfazione del suo desiderio di genitorialità e di continuità familiare e quindi nasce come coppia genitoriale.*

Dal punto di vista scientifico l'adozione è un fenomeno non molto studiato: non ci sono ancora ricerche che possono attestare, sul lungo termine, quali siano i risultati di questo incontro tra adulti e bambini, svoltosi con modalità diverse rispetto alla genitorialità normativa, cioè quella della famiglia biologica.

Forse perché l'adozione come fenomeno di massa è davvero recente e prima riguardava situazioni molto particolari non c'è ancora un sapere davvero sedimentato in proposito.

Per esempio, mentre tutti oggi sono abbastanza d'accordo su quali siano i tempi e i modi dello svilupparsi della relazione di attaccamento tra madre e bambino in condizioni normali, non mi risulta che ci sia qualcuno che abbia studiato sistematicamente quanto ci mette – e attraverso quali tappe passa, a seconda ovviamente dell'età del bambino – a costituirsi la relazione di attaccamento tra il bambino e i genitori adottivi.

D'altro canto stanno appena iniziando a diventare a loro volta genitori le persone che hanno avuto da piccole questa esperienza, di essere accolti cioè in un'altra famiglia o anche in un altro Paese. Cosa caratterizza la loro personalità e il loro equilibrio psicologico? Arrivati all'età nella quale possono essere genitori, tendono a privilegiare l'idea di avere un figlio loro o sono molto interessati ad adottare a loro volta? Questa generazione non ha ancora né documentato direttamente le proprie esperienze, né permesso ad altri di riferirle; ci sono pochi resoconti, anche solo narrativi, di vicende adottive che si sono sviluppate in base alle nuove norme.

Che io sappia, di tutta la questione si conosce ancora relativamente poco, per i noti motivi di privacy: nel momento in cui mi accingo a fare ricerche sull'argomento, mi scontro con la difficoltà di reperire i soggetti da intervistare o da sottoporre a test. Sono dati sensibili, giustamente custoditi dai tribunali e quindi è solo attraverso conoscenze personali, amicizie, che è possibile interrogare delle persone che sono passate per l'esperienza e farsi un'idea del processo adottivo in tutto il suo dispiegarsi. Sarebbe interessante poter seguire il processo a partire dall'accoglimento del bambino nei primi anni, alla sua adolescenza a, mettiamo, la vecchiaia dei genitori adottivi che diventano a loro volta nonni ecc.

Potere accedere invece solo a soggetti selezionati in modo poco sistematico fa sì, per esempio, che facendo una ricerca su questi soggetti, ne possa emergere un quadro eccessivamente ottimistico. Infatti quelli che si trovano e che sono disposti a rispondere, scovati appunto con il passaparola tra gli amici, sono frequentemente solo i casi più felici, quelli che hanno piacere di riferire un percorso ben riuscito. E quelli per i quali il percorso è stato conflittuale, difficile?

È anche possibile il caso opposto: i casi di adozioni fallite, che ritornano ai servizi sociali perché siano prese le opportune iniziative, e sui quali si soffermano i clinici, mostrano un quadro molto negativo, ma altrettanto parziale del fenomeno.

Alle poche questioni sulle quali mi risulta che, in tempi un po' meno gelosi della privacy anche rispetto alla ricerca scientifica, siano stati ottenuti risultati certi e documentati, farò riferimento nel corso del lavoro.

Tutto il resto sarà invece frutto dell'incrocio tra un sapere psicologico non troppo specifico, la mia riflessione nel corso della terapia personale e l'esperienza. Cercherò di segnalare esplicitamente quando ho attinto alla mia vita e quando invece si tratta di fonti documentate.

Sicuramente adottare un figlio è un'esperienza decisiva per la propria vita, esattamente come metterne uno al mondo. Una "carriera" ricca di emo-

zioni positive e negative che, per quel che mi risulta, è analoga a quella di un genitore biologico.

Freud e Einstein, in una loro corrispondenza, hanno citato l'educazione dei figli come una delle esperienze più difficili, analoga a quella di governare. Forse qualche volta ci si può sentire protagonisti di una storia strana e anche solidarizzare particolarmente con altri che hanno fatto la nostra stessa scelta.

Ma come è la nostra esperienza rispetto a quella dei genitori "normali"?

Anche qui mancano le ricerche "scientifiche": proviamo a immaginare di sottoporre a test genitori che hanno solo figli biologici, genitori che hanno sia figli biologici che figli adottivi e genitori solo adottivi. Se riuscissi a scovare un buon test di "investimento sui figli" potrei riuscire a scoprire se ci sono differenze tra queste situazioni, per esempio sul piano del valore dato al figlio.

Invece ampie indagini in proposito non ce ne sono e quello che dico deriva solo da qualche conversazione con amici, e mi porta a sostenere che la profondità e l'ampiezza dell'esperienza sia la stessa nel caso del figlio partorito che in quello del figlio "accolto". Sempre dalla stessa fonte ricaverei anche l'osservazione che si tratta di un percorso che riserva delle difficoltà, qualcuna in più del fare il genitore del proprio bambino.

Due sono gli ostacoli che, anche nelle condizioni ottimali, si frappongono sul cammino: in primo luogo, i bambini adottati sono bambini che hanno sofferto o nella realtà o solo nella loro rappresentazione di se stessi (sto pensando per esempio a un bambino adottato da neonato, ma che pure, da adolescente si interrogherà sui suoi genitori "veri").

L'altro ostacolo è la difficoltà dei genitori a "rispecchiarsi" nel figlio. Come tutti sappiamo, il meccanismo che garantisce la continuità tra le generazioni è il fatto di identificarsi, mettersi nei panni di chi ci ha preceduto o ci segue. È questa una delle cause della trepidazione del genitore che sa, per esempio, che il figlio deve affrontare una prova e vorrebbe farla lui, viverla al posto suo. Questa capacità di identificazione è una ricchezza, ma anche una pena che porta i genitori a dire quelle frasi odiose: "ai miei tempi, io..." oppure "quando andavo a scuola io...". Sono frasi che assicurano la reazione stiz-

zita dei figli, che si sentono diversi e, soprattutto, in questi tempi di veloci mutamenti sono ben consapevoli che nulla di utile potrà saltar fuori dall'esperienza del brontosauro che hanno davanti e, inoltre, che sanno sbagliare da soli. Tuttavia questi sono i meccanismi dell'identificazione, della partecipazione, dell'amore. Questa operazione, buona o cattiva che sia, è più difficile nei confronti del figlio adottivo che può provenire da un'altra esperienza, avere un aspetto diverso, essere portatore di una alterità di fondo.

In qualche senso questa consapevolezza di non riuscire a rispecchiarsi può, secondo me, essere positiva perché porta a un maggior rispetto dell'identità del figlio. È qualcuno di diverso da te, che non puoi sbrigativamente assimilare, ma solo rispettosamente accompagnare nella vita.

Questa sensazione può anche, in certi momenti, essere dolorosa: il figlio fa qualcosa che tu non avresti mai fatto, che non capisci, che non condividi, ti confronti con una diversità radicale.

Fondamentalmente ritengo però che il percorso sia analogo a quello dei genitori naturali. Come affermava un acuto difensore della condizione dell'infanzia come Giampaolo Meucci, giudice del Tribunale per i Minorenni, attraverso il titolo di un suo libro: I figli non sono nostri. *A significare che i figli sono in realtà patrimonio comune della società.*

Ancora, facendo ricorso alla saggezza dei proverbi, in tutte le lingue si afferma che: "figli piccoli, pensieri piccoli... figli grandi, pensieri grandi..." e quindi la missione del genitore è vista come complessa, se non impossibile.

Al genitore adottivo spetta qualche difficoltà in più.

Di questo percorso distinguerò il "prima", il momento in cui matura la decisione (parte prima), il "cambiamento", cioè l'incontro (parte seconda), e il "dopo", cioè quello che succede nel momento in cui il bambino entra a far parte della famiglia (parte terza). Nella parte quarta infine mi soffermerò sui possibili aspetti problematici (salvo concludere con una nota di ottimismo). Tutto ciò rimanda alla consapevolezza che tutti gli eventi umani sono processi che si dispiegano nel corso degli anni, sottoposti a cambiamenti ed evoluzioni nel tempo.

Quando si racconta una vicenda d'amore, ormai nessuno si contenta della conclusione: "si sposarono e vissero felici e contenti...", ma ci si chiede cosa cambierà, da quel momento in poi, in quello che si definisce l'arco della vita. Altrettanto si dovrebbe fare per rendere conto della storia dell'adozione: cercherò quindi di dare qualche indicazione e suggerimento per lo sviluppo di questa relazione negli anni.

L'adozione è un processo, seguito qui nel suo evolversi cronologico, che inizia nel momento della decisione di assumere il ruolo di genitori, passa dalla richiesta al Tribunale, all'ottenimento della idoneità, alla scelta delle associazioni cui rivolgersi, all'incontro con il figlio, alle sue relazioni con l'ambiente familiare e sociale, in particolare la scuola, e infine alla sua adolescenza e... oltre, da figlio adottato a genitore a sua volta.

Parte prima

Il "prima"

Il fenomeno dell'adozione in generale

L'adozione è attualmente un fenomeno molto diffuso nel mondo occidentale, che ha assunto nuovi significati a causa dei diversi valori dati alle relazioni familiari, che esprimono una comunità di affetti piuttosto che un mero vincolo biologico.

Attualmente ci sono tendenze che vanno addirittura nella direzione di abbandonare gli aspetti "legali" nel creare i legami familiari: le cosiddette "famigliastre", famiglie ricostruite con i figli di diversi matrimoni o relazioni, che si ritrovano a vivere insieme.

Molto semplicemente, la famiglia cambia, indipendentemente dall'approvazione o meno di alcuni settori dell'opinione pubblica che ritengono che questi cambiamenti comportino una diminuzione del suo ruolo e del suo valore. Anche le adozioni sono cambiate nel corso del tempo: l'evoluzione più vicina alla nostra attuale sensibilità c'è stata nel 1983, quando è stata promulgata la famosa legge 184, cosiddetta dell'adozione speciale.

Nella legge più recente, del 1998, l'adozione è definita uno strumento di protezione del minore e di promozione dei suoi diritti. Viene anche specificato che vi deve essere uguaglianza di trattamento tra minori italiani e stranieri, ovunque si trovino, in Italia o in Stati esteri. Viene specificato che l'adozione internazionale è uno strumento di cooperazione sociale internazionale tra Paesi ricchi e Paesi poveri.

Il principio di fondo che ispira la legislazione internazionale (Convenzione dell'Aja, 1993) formula un principio di sussidiarietà che si esprime nel fatto che i bambini devono essere se possibile aiutati e sostenuti nel loro sviluppo nel Paese di origine e solo in caso di impossibilità a farlo, il bambino potrà essere dichiarato adottabile anche da genitori che vivono altrove. Perché richiamare questi aspetti? Forse per ripensare a certe pratiche che sono state comuni fino a non molti anni fa, quando era possibile "sottrarre un bambino" alla miseria del suo ambiente, mandandolo sbrigativamente all'estero, con procedure e modalità al limite della legalità, giustificate però dalla logica dell'emergenza. Le difficoltà sorte in queste situazioni hanno creato l'esigenza di disciplinare molto strettamente le adozioni non solo nazionali (per le quali i genitori biologici, se non dichiarano spontaneamente la loro rinunzia ad allevare il bambino, devono avere dimostrato per lungo tempo la loro non volontà di seguirlo, perché alla fine venga dichiarato lo stato di adottabilità del minore), ma anche quelle internazionali. Sono gli abusi e i problemi derivanti dalla deregulation precedente che hanno canalizzato i percorsi adottivi verso la regolarità di pratiche seguite da associazioni riconosciute dal nostro Paese. Attualmente le associazioni, circa 70 (per un elenco di tali enti si veda *Coppie e bambini nelle adozioni*, 2000-2006), sono il tramite per adottare bambini che vivono all'estero.

L'Italia è il terzo Paese, dopo Stati Uniti e Canada, nella quantità di adozioni realizzate. Il numero di richieste di adozione è in costante aumento: un dato del 1998 che considera solo le richieste, e non l'accoglimento o meno delle stesse, parla di 600 domande ogni anno, documentando così una reale crescente cultura dell'adozione che si fa fenomeno sociale.

Ne deriva che i ragazzi adottati trovino oggi un ambiente sempre più disponibile nei loro confronti. Dal momento che l'esperienza non è più eccezionale, ma quasi normativa, è molto probabile che in una scuola, se non addirittura in una stessa classe, si trovino diversi bambini adottati.

Le difficoltà del passato, anche recente, erano legate alla visione della coppia che non aveva figli propri come di una coppia inadeguata; la vergogna che ne derivava, poteva spingere a tenere nascosta l'adozione.

Le persone che adottano sono soprattutto cittadini del mondo occidentale che accolgono bambini nati nel proprio Paese o provenienti da Paesi che affrontano difficoltà storiche ed economiche. Il significato rimane lo stesso: la disponibilità ad accogliere da un lato e l'esigenza dei bambini di avere una famiglia e una vita serena, dall'altro, provenendo da un ambiente comunque carente.

Attualmente il rapporto tra bambini adottati tramite l'adozione nazionale e quella internazionale nel nostro Paese è difficilmente calcolabile perché c'è stato un lungo periodo di blocco delle adozioni internazionali dovuto alla necessità di regolarizzare le associazioni del settore. Nel 1995 le adozioni internazionali realizzate erano il doppio delle nazionali, nel 2005 avveniva il contrario (947 nazionali e 458 internazionali), perché il numero di quelle nazionali era rimasto costante, mentre quello delle internazionali era diminuito drasticamente. Attualmente la situazione si è nuovamente invertita: pochi i bambini adottati con l'adozione nazionale, molto più numerosi quelli tramite l'adozione internazionale.

Il numero di bambini italiani adottabili, che di solito costituirebbe la prima opzione da parte delle coppie adottive, è modesto perché sono relativamente pochi quelli "abbandonati" dalle madri in ospedale o dichiarati adottabili dopo un soggiorno più o meno lungo in istituto. In tutte le altre situazioni, è compito primario dei servizi sociali rimuovere gli ostacoli allo svolgimento dei compiti genitoriali anche se i genitori hanno difficoltà economiche, sociali, mentali. La politica dell'assistenza mira giustamente, nell'interesse del bambino, ad aiutare il più possibile la famiglia di origine. I bambini che vivono in istituto o in case-famiglia non sono in condizioni di adottabilità. Penso sia sbagliato alimentare il mito di istituti pieni dei loro piccoli ospiti per biechi motivi di interesse o per inadempienza da parte dei giudici. Ai bambini che vivono istituzionalizzati i genitori fanno visite, più o meno frequenti. Solo quando ci siano intervalli molto lunghi tra una visita e l'altra, i giudici hanno la possibilità di avviare le procedure per renderli adottabili, che però sono spesso interrotte dall'opposizione del genitore che a quel punto si rifà vivo. Di fatto i bambini adottabili ospiti degli istituti sono bambini "grandi", hanno cioè più di 10 anni, hanno malattie o handicap, oppure sono bambini con fratelli (di solito almeno tre) che la legge giustamente impone di non separare.

Va sottolineato che nel nostro Paese si privilegia come forma di accoglienza per i bambini la formula della piccola comunità o della casa-famiglia, piuttosto che quella dell'istituto, una modalità che comporta delle cure più individualizzate e una vita sicuramente più "normale".

Fino al recente passato, tra il 2000 e il 2006, i Paesi di provenienza dei bambini sono stati soprattutto la Federazione Russa, l'Ucraina, la Colombia e il Brasile e poi, in numero via via descrescente, la Polonia, l'Etiopia, la Bielorussia ecc. Queste provenienze ci forniscono un quadro di Paesi in crisi economica, con rivolgimenti politici o anche in guerra.

I maschietti sono stati più numerosi delle femmine (9499 contro 7105); l'età più rappresentata, quella tra 1 e 4 anni. Meno numerosi i bambini al di sotto dell'anno di vita e quelli con più di 10 anni.

La questione della provenienza dei bambini, mentre comporta differenze non così decisive nelle procedure legali per l'adozione, implica molti aspetti di diversità riferiti ai bambini stessi: i bambini adottati tramite l'adozione nazionale sono solitamente neonati, oppure "grandi", oltre i 6 anni, o ancora affetti da qualche disturbo. Sono prevalentemente, ma non necessariamente, di etnia italiana. I bambini che vengono adottati tramite l'adozione internazionale difficilmente hanno pochi giorni di vita, piuttosto hanno pochi anni (anche se progressivamente si sta alzando la loro età, visto che, appena le condizioni sociali ed economiche del loro Paese migliorano, i più piccoli vengono adottati in loco) e godono di una salute relativamente buona. Comunque, per definizione, provengono da luoghi lontani e culture diverse dalla nostra e spesso hanno avuto esperienze precoci negative (abbandono e istituzionalizzazione). Di frequente poi hanno un aspetto diverso da quello dei genitori.

Le spese

Le procedure per adottare hanno dei costi che sono minori per le adozioni nazionali – nelle quali si limitano alle spese per le pratiche legali – maggiori per quelle internazionali. Le associazioni che curano le adozioni internazionali possono richiedere cifre variabili, che dipendono da molti fattori. Le linee guida stilate dalla Commissione per le adozioni internazionali recitano: «I costi delle adozioni internazionali dovranno ridursi e attenersi su uno standard che possa configurarsi come una cifra che una famiglia di medio reddito può affrontare. Parametro già richiesto per il rilascio del decreto di idoneità, altrimenti si avrebbe che alcune coppie sarebbero poi di fatto escluse perché, pur ritenute economicamente in grado di mantenere, educare e istruire un bambino, di fatto non lo sono per un bambino straniero» («Gazzetta Ufficiale», 16 gennaio 2002). Questo ha fatto sì che alcune Regioni, come la Regione Piemonte, che hanno costituito un servizio pubblico (Agenzia Regionale per le Adozioni Internazionali) di affiancamento alle coppie, abbiano stabilito (siamo nel 2002) una cifra di spesa massima pari a 2500 euro. Sono escluse alcune spese, come la traduzione dei documenti necessari. Questa cifra può costituire un termine di riferimento, considerando una certa variabilità a seconda delle zone di provenienza dei bambini.

Fonti precedenti parlano, ricorrendo a un'associazione autorizzata (cosa che allora non era obbligatoria) di cifre che oscillavano tra i 10 e i 22 milioni di lire (Bramanti e Rosnati, 1998, p. 50 n.).

Pubblicazioni più recenti riferiscono in tono accusatorio di spese intorno ai 15.000 euro. Altre ricerche che hanno analizzato la condizione sociale ed economica delle famiglie adottive dicono che è una scelta che riguarda famiglie di status economico e sociale medio o medio-alto. Ciò può far riflettere su come per molti bambini, soprattutto quelli che hanno ricordi del loro passato, l'appartenenza alla famiglia adottiva costituisca una sorta di scalata sociale e questo possa essere avvertito nel momento in cui il ragazzo comincerà a riflettere su stesso e sulla propria identità.

La decisione di adottare un bambino

Secondo la legge vigente nel nostro Paese, solo una coppia di persone sposate, con alle spalle almeno 3 anni di matrimonio o un periodo di matrimonio anche più breve, purché preceduto da una congrua convivenza continuativa, può adottare un bambino.

La decisione può riguardare una coppia che non ha altri figli e solitamente non riesce ad averne pur desiderandoli, ma anche coppie che hanno già altri figli. In questo caso sono state identificate tre tipologie di richieste:

- quelle di famiglie dove si desidera un secondogenito che stenta a nascere;
- quelle di famiglie molto impegnate socialmente che desiderano aprire la loro casa a uno o più bambini che non siano figli biologici;
- quelle di coppie nelle quali un evento drammatico, come un aborto o la scoperta dell'impossibilità di procreare, apre la strada al desiderio di un altro bambino.

Nella vita di ogni famiglia le "entrate" e le "uscite" sono dei momenti delicati e potenzialmente rischiosi. Per "uscite" si intendono divorzi, morti, ma anche solo l'andare a vivere per conto proprio del figlio ormai cresciuto; le "entrate" sono invece le nascite e, per esempio, la decisione di far vivere in famiglia un nonno non più in grado di vivere da solo.

Quanto più le decisioni rientrano nella norma e sono analoghe a quelle prese da molte altre famiglie, tanto più facile è gestire il cambiamento. Ci sono modelli di riferimento, procedure e riti ben codificati. La decisione di adottare un figlio rientra negli avvenimenti non banali, ancora relativamente privi di modelli di riferimento, ma è caratterizzata dal fatto di essere un evento previsto, scelto. In questo senso può essere definita un "rischio ben calcolato". Affrontare questo rischio comporta degli sforzi, delle riflessioni. Come sempre nei rapporti umani, ma ancor più quando si parla di bambini, i lavori sono sempre in corso: la questione non è mai risolta una volta per tutte, anche perché i bambini cambiano velocemente e i genitori devono tenersi al passo con la loro crescita. Tuttavia, oggi le coppie che adottano sono sempre più numerose e i servizi sociali pubblici e la scuola cominciano ad attrezzarsi per l'accoglienza. I tempi sono sempre più maturi per questo mutamento della natura della famiglia: da comunità "di sangue" a comunità di affetti.

Questo fa sì, a mio avviso, che sia abbastanza sensato che vengano pubblicati continuamente libri di "istruzioni" per genitori adottivi: il fenomeno è in veloce evoluzione e quindi almeno alcune delle problematiche lamentate in libri degli anni Ottanta (per esempio l'atteggiamento ostile o di pregiudizio nei confronti dei bambini adottati o il sentimento di vergogna della coppia, che nel rendere pubblica l'adozione avrebbe reso pubblica anche la propria sterilità) sono oggi davvero poco riscontrabili.

Sempre facendo riferimento all'atteggiamento comune nei confronti del problema, c'è da chiedersi quale sia la mentalità prevalente rispetto alla possibilità che "famiglie" diverse dalle coppie sposate eterosessuali adottino dei figli. È noto che ciò può avvenire in Paesi diversi dal nostro; quelli in cui è ammesso il matrimonio omosessuale, per esempio, hanno legislazioni che prevedono per queste coppie particolari la possibilità di adottare dei bambini.

Ormai quindi il fenomeno è abbastanza diffuso e sono già stati condotti degli studi. In particolare in Gran Bretagna sono stati confrontati bambini cresciuti in famiglie costituite da coppie lesbiche o gay, rispetto a bambini cresciuti in famiglie eterosessuali "classiche". Non sono emerse differenze per quanto riguarda il benessere di questi bambini sul piano del funzionamento sociale, emotivo e intellettuale. Anche successivamente, divenuti adulti, non hanno manifestato difficoltà particolari, nemmeno nell'area dell'identità sessuale. Il quadro che ne emerge è che non è la struttura della famiglia, ma l'investimento che i suoi membri fanno nel suo funzionamento a costituire una garanzia di riuscita.

Più variegato è il quadro dei bambini adottati da single: non ho notizia di ricerche specifiche, ma penso che la situazione potrebbe essere equiparata a quella dei tanti cresciuti con un solo genitore perché vedovo, divorziato, ragazza madre o "ragazzo padre".

In queste situazioni lo sviluppo ottimale dipende fondamentalmente da due elementi. In primo luogo, dall'atteggiamento che il contesto sociale ha nei confronti della situazione della famiglia: per esempio, un bambino allevato da un vedovo ha tendenzialmente migliori chance di un bambino allevato da un divorziato, che può essere visto con maggiore diffidenza. L'altro elemento è la quantità di stress che sperimenta il genitore: allevare da soli un bambino è molto faticoso; anche se condizioni economiche vantaggiose possono aiutare, è comunque difficile mantenere un adeguato livello di cure fornite al piccolo.

I tentativi di avere un figlio

La decisione di adottare, solitamente, è preceduta da un periodo nel quale la coppia cerca di avere un figlio biologico e non ci riesce, qualche volta anche ricorrendo alla fecondazione assistita. Infatti la maggior parte delle coppie, più del 90%, che richiede l'adozione non ha figli biologici propri.

Vi è un certo numero di coppie che decide di non ricorrere alla scienza per ovviare alla propria incapacità generativa e pensa subito di adottare un bambino. Più frequente è però che vi sia una serie di tentativi, poi falliti, di avere un figlio biologico. Questo percorso, più o meno lungo, quando fallisce, è doloroso, dal momento che prevede di rendere pubblici aspetti intimi della relazione della coppia. Quando tutti gli sforzi non sono approdati a nulla, le persone devono affrontare la sensazione di non essere come gli altri, che a loro sia stato negato quello che per gli altri è normale. Si tratta, secondo gli psicologi, di una "ferita narcisistica": si rinunzia all'immagine di se stessi come capaci di procreare. L'eventuale attribuzione di responsabilità della mancata gravidanza a sé o al coniuge è un ulteriore "spettro" da allontanare. A seconda di come si sono svolte le cose, si pensa che l'uno o l'altro sia la causa dell'impossibilità di generare e si deve quindi combattere con sensi di colpa o sentimenti di ostilità.

Questo passaggio è molto delicato e importante, e viene spesso approfondito nei colloqui con gli operatori che devono stilare la relazione per il decreto di idoneità della coppia. Gli "spettri" devono essere fugati per garantire l'equilibrio tra i coniugi e, soprattutto, per non fare avvertire al bambino la soluzione dell'adozione come un doloroso ripiego. Quello che deve emergere è il desiderio, non il bisogno di un bambino.

Nella questione ci sono delle implicazioni, seppure non sempre avvertite ed esplicite, che riguardano anche la famiglia di origine della coppia. I genitori del padre e della madre devono infatti rinunziare all'idea di avere una propria discendenza, almeno attraverso quei loro figli. Qualche volta il processo che ha reso così opportuna la scelta dell'adozione da parte della coppia non viene sperimentato dalla generazione precedente che lascia soli i figli nella prova organizzativa e affettiva che l'adozione comporta.

È quindi legittimo valutare, prima della decisione di presentare la richiesta di adozione, il contributo che verrà dato dalla generazione precedente, positivo o negativo che sia (solitamente, in quest'ultimo caso, non sarà tanto un'opposizione quanto una mancata collaborazione, un atteggiamento poco accogliente nei confronti del nuovo arrivato in famiglia). Alcuni dati parlano di un 40% soltanto di famiglie di origine favorevoli, come se per loro fosse più difficile che per la giovane coppia rinunziare all'idea della trasmissione del proprio bagaglio genetico. Penso che ciò avvenga anche per motivi storici: il fatto di appartenere a una generazione nella quale la cultura dell'adozione era meno diffusa.

La coppia è certo in grado di gestire tutto il processo da sola, ma sarebbe bene che sapesse fin da subito se sarà o meno così.

Il bambino che verrà adottato non dovrà essere confrontato, nella mente dei genitori, con quello che "non ha potuto nascere" che, in quanto non reale, sarà sempre migliore, più tranquillo del bambino vero, in carne e ossa. Si parla perciò di un processo di lutto: si deve rinunziare all'idea di se stessi o del proprio partner come capaci di generare. Alla stregua di tutti i lutti può far crescere o deprimere chi li sperimenta. Il lutto risolto prevede che la situazione sia riconosciuta, "pensata davvero", non messa in un angolino della mente, che sia stata discussa tra i coniugi o con esperti, per poi far nascere una forma diversa del desiderio di genitorialità.

Forme diverse di adozione

Il desiderio di sostenere la crescita di un bambino può assumere anche forme intermedie.

Quella più blanda e in qualche modo meno impegnativa, spesso per volontà stessa degli organismi che se ne occupano, è l'*adozione a distanza*. Questa forma di adozione raccoglie uno degli elementi del desiderio di genitorialità, quello più "sociale", di offrire un sostegno economico, di pensiero, di accompagnamento a un bambino in difficoltà in un ambiente ostile, spesso martoriato da miseria o guerra.

Il rapporto non è sottoposto a nessun vincolo se non quelli imposti dalle organizzazioni che favoriscono e gestiscono le adozioni a distanza. Anche le più serie, o forse proprio quelle, impongono limitazioni molto severe: al bambino non possono essere inviati regali personali, per non fare ingiustizie rispetto agli altri bambini della comunità; non gli possono essere inviate foto dei "genitori a distanza", né può essere comunicato il proprio indirizzo, per non incoraggiare eventuali richieste incongrue di aiuti e denaro da parte degli adulti che lo circondano.

Il genitore a distanza riceve solo sporadici messaggi, foto, disegni, il più delle volte resoconti molto neutri e mediati dello sviluppo della comunità. Tutto ciò probabilmente corrisponde a modalità di gestire queste relazioni sperimentate come efficaci, ma il risultato è tale che nessuno può pensare, anche moltiplicando quantità e qualità delle sue adozioni a distanza, di assolvere in questo modo un reale bisogno di rapporto genitoriale.

Altra forma, normata invece nel nostro Paese e recentemente fortemente incoraggiata, è l'*affidamento*. Si tratta una modalità di cura che prevede che il bambino mantenga comunque la relazione con la propria famiglia biologica, possa incontrarla e, idealmente, una volta risolti i problemi che hanno determinato la scelta del giudice di stabilire l'affidamento, possa rientrarvi. In questo caso non è necessario essere una coppia regolarmente sposata, ma può essere identificato anche un solo genitore affidatario, persona responsabile, selezionata per svolgere questo compito da appositi centri distribuiti nel territorio e successivamente abbinata a un bambino in difficoltà. L'affidamento è un percorso che richiede grande coraggio e dedizione: il bambino può e idealmente deve rientrare nella propria famiglia, i rapporti con la quale vanno coltivati e favoriti. Mi risulta che questo spesso comporti il prendersi cura anche di un adulto che per definizione sta male, non riesce a fare il genitore adeguatamente, altrimenti non sarebbe stato stabilito l'affidamento. Spesso, di fatto, anche la madre o tutta la famiglia del bambino vengono sostenuti dal o dai genitori affidatari. Può accadere che il figlio avuto in affidamento si allontani, prima o dopo la maggiore età, dal genitore affidatario che finisce col non averne più notizie.

Proprio per la sua durezza, questa impresa di solito non è raccomandata a coppie senza altri figli, che vogliono per la prima volta sperimentare le loro capacità genitoriali.

Esistono anche altre forme di adozione, come quelle "a rischio giuridico" nelle quali il rapporto con la famiglia di origine del bambino non è totalmente definito, e che prefigurano evoluzioni particolari, qualche volta drammatiche.

Negli Stati Uniti, almeno in alcuni Stati, esiste poi un'ulteriore forma, recente, di adozione definita *open adoption* che prevede che il bambino risulti a pieno titolo figlio della coppia adottante, ma la madre o i genitori biologici adottivi siano conosciuti e noti. Si tratta di un rapporto nel quale il genitore naturale rinunzia al proprio ruolo e esplicitamente affida, con la garanzia del Tribunale e certo non privatamente, a persone specifiche che ha modo di conoscere la crescita della propria prole. È possibile che il genitore naturale scriva, telefoni, visiti, segua lo sviluppo del piccolo cui ha rinunziato. È un istituto che è stato caldeggiato per contrastare la decisione di abortire da parte di madri adolescenti o donne che non potevano assicurare la crescita del bambino, garantendogli invece una cura genitoriale adeguata.

Vi sono ricerche secondo le quali alcuni elementi della dolorosa ricerca delle proprie radici che sperimentano i ragazzi che hanno vissuto un'adozione tradizionale sono risparmiati da questo tipo di rapporto. Ma i risultati non sono concordi e comunque l'esperienza di questa modalità è troppo recente per poter trarre delle conclusioni. Peraltro si può presumere che un compito arduo tocchi al genitore adottivo, che deve vedersela con i propri possibili sentimenti di gelosia, invidia, ostilità, svalutazione nei confronti del genitore biologico che vede, frequenta e conosce.

Mi sembra che sia un buon esercizio mentale vedere il complesso panorama di modalità che sono state create per gestire questo fenomeno: un bambino che va aiutato al meglio, per crescere bene.

La varietà delle forme mostra quanto complesse, elastiche, piene di significati simbolici possano essere le relazioni umane.

La genitorialità

Gli studiosi che si occupano del ciclo di vita degli individui, richiamano spesso l'idea che la genitorialità sia una fase necessaria dello sviluppo individuale che, ormai è appurato, non riguarda solo i primi anni, ma tutta la nostra vita.

L'età adulta, come anche la vecchiaia, presenta determinati "compiti di sviluppo". I motivi che ci spingono a cambiare il nostro modo di vivere, dal quale possiamo anche fino a quel momento essere stati appagati, derivano sia da situazioni esterne sia da eventi interni.

Tra i *motivi esterni*, in questo caso, potrebbe esserci l'influenza delle richieste di parenti o amici che incalzano: "perché non avete un bambino?". Ovviamente questo non è un motivo valido e fondato psicologicamente. Possono però anche verificarsi nella vita delle persone avvenimenti che li spingono a modificare la propria esistenza, come cambiamenti nell'ambito lavorativo, con maggiori o minori opportunità, o ancoro il confronto con la condizione di amici e coetanei.

Talvolta anche motivi drammatici, come la perdita di una persona cara, possono attivare il desiderio di vivere una relazione genitoriale, in particolare in caso di aborto o di perdita di un figlio. Queste situazioni se da un lato è legittimo che attivino il desiderio di "fare il genitore", devono però essere molto ben elaborate e discusse per non accogliere il nuovo bambino con una pesante eredità: compensare il genitore del suo lutto.

Fare il genitore è infatti una modalità di sconfiggere la morte, andare oltre la propria esistenza biologica.

Un interessante libro dello psicoanalista svizzero Bertrand Cramer si intintola *Professione bebé* e analizza appunto il difficile compito di un bambino che nasce con l'incarico di consolare il genitore. Anche a un bambino adottato non può essere affidato alcun compito "professionale".

I *motivi interni* possono invece emergere anche se non è successo niente di nuovo nel nostro mondo reale, ma solo nella nostra mente.

Riflessioni e bilanci della propria vita possono spingere le persone verso la "generatività". Questa espressione, coniata dallo psicoanalista Erik Erikson, si riferisce al fatto che vi è una fase della vita adulta nella quale le persone desiderano lasciare un segno del loro passaggio nel mondo, qualche volta con la realizzazione sociale e lavorativa, ma anche con l'allevamento di un figlio. Il desiderio di diventare genitori è quindi una forma specifica della tendenza più ampia alla "generatività".

Questa crisi, identificata da Erikson, può essere anche risolta tramite la "stagnazione," termine che illustra bene una condizione che può essere anche non dolorosa, ma di stasi, durante la quale non esiste il desiderio di mettersi alla prova per prolungare se stessi nel tempo.

È difficile che questo desiderio appartenga a un ventenne: anche se non strettamente legata all'età, questa crisi e il conseguente desiderio di genitorialità è tipica della fase adulta. Oggi la condizione di adulto comprende un arco di età molto ampio, dai 25 ai 50 anni. Perciò capita che questo desiderio di generatività sia avvertito da coppie non più giovani. La maggior parte delle *richieste di adozione viene da coppie tra i 35 e i 39 anni, che non hanno altri figli*. L'età media delle coppie alla data del decreto di idoneità è intorno ai 40 anni. D'altro canto il benessere preminente del bambino fa sì che ci sia un orientamento da parte dei giudici a non affidare un neonato a queste coppie.

Questo avviene malgrado il fatto che oggi anche l'esperienza della genitorialità biologica coinvolga spesso persone che hanno superato i 30 anni. Secondo i dati ISTAT, l'età media delle mamme italiane che fanno il primo bambino è superiore ai 29 anni, il che vuol dire che ci sono tante mamme primipare di 40 anni. Esiste perciò una disparità di considerazione del fattore età tra le coppie di genitori biologiche e chi ricorre all'adozione.

Per capire il desiderio di genitorialità consideriamo le parole di Erikson: «L'insistenza, voluta dalla moda, sugli aspetti drammatici della dipendenza dei bambini dagli adulti, ci rende spesso ciechi di fronte alla dipendenza della generazione più anziana da quella più giovane. L'uomo maturo ha bisogno che si abbia bisogno di lui e la maturità ha bisogno di essere guidata e incoraggiata da ciò che è stato prodotto e di cui bisogna prendersi cura» (1963, p. 249).

Erikson descrive questo stadio come un momento di crisi, analogo ad altre che si succedono nel corso della vita: momenti nei quali dobbiamo, spesso in maniera inconsapevole, scegliere tra due strade, due percorsi di sviluppo.

La crisi della prima infanzia, per esempio, riguarda la fiducia o meno del mondo ed è legata al modo in cui i nostri primissimi desideri sono stati soddisfatti da chi si prende cura di noi; a seconda di come la risolviamo, ovviamente in maniera inconsapevole, ci aspettiamo che il mondo sia benevolo con noi oppure siamo sfiduciati nella disponibilità di questo a venire incontro alle nostre esigenze. Le crisi comportano due soluzioni possibili, una positiva, di sviluppo, e una negativa, che porta deterioramento o stagnazione.

Parlare di crisi non deve far venire in mente per associazione una "crisi matrimoniale". I motivi della crisi che può portare alla generatività o alla stagnazione non sono necessariamente qualcosa che riguarda la coppia in quanto tale, nelle sue relazioni reciproche. Si sa che non è una buona motivazione all'adozione il pensare che l'arrivo di un bambino possa rinsaldare la relazione e rimettere in sesto il rapporto.

Qui si fa invece riferimento a una crisi in termini individuali, una crisi maturativa, che implica un desiderio di produttività e di creatività. Se tutto va bene, questa viene avvertita anche dal partner e tale contemporaneità è davvero un elemento sul quale riflettere e di cui rallegrarsi: tutti e due i coniugi avvertono con la stessa urgenza questa esigenza di generatività che diviene così un desiderio proprio della evoluzione di ciascuno dei membri della coppia.

Non voglio certo sostenere che questo desiderio non acquisti senso e significato dalla relazione tra i coniugi, ma insisto sul fatto che deve essere una esigenza alla quale entrambi sono comunque giunti, più o meno contemporaneamente, nel loro sviluppo individuale. Questo è il punto sul quale di solito insistono le interviste che vengono rivolte ai futuri genitori da parte di chi deve stilare la famosa relazione di idoneità. Potrebbe sembrare strano che l'adeguatezza di una coppia venga valutata in rapporto al loro "desiderio" più che al benessere del bambino. Ma è solo la profondità, autenticità e maturazione individuale di questo desiderio, che deve essere presente in ognuno dei membri della coppia, che assicura un nido accogliente per il bambino. In questo senso, l'adozione può essere concepita come una opportunità per la coppia e per il bambino, è l'incontro di due desideri, l'uno inconsapevole, quello del bambino, e l'altro consapevole, quello dei genitori, accomunati dal fatto di aspirare a qualcosa che non si conosce, ma si sente come indispensabile.

Joan Rivière esprimeva la ricerca di un bambino come un bisogno imperioso di rendere felici le persone, unito a un forte sentimento di responsabilità e interesse nei loro riguardi.

Queste considerazioni sottolineano il fatto che il figlio viene desiderato in quanto la sua sola presenza e le sue esigenze costituiscono l'obiettivo della funzione genitoriale: dal figlio come tale non c'è nulla da aspettarsi. Quanto detto finora riguarda ovviamente anche le coppie che desiderano fare un figlio, ma in questo caso il desiderio della prole passa, secondo me, più chiaramente attraverso l'amore per il partner. Anche Didone nell'*Eneide* parla del figlio avuto dall'eroe come di un "piccolo Enea": la letteratura, come la cronaca sono piene di vicende nelle quali il figlio è specchio dell'altro genitore e della relazione con lui. Ci sono esempi drammatici nei casi di cronaca di questa equivalenza tra figli e partner, che può essere stato prima amato e poi odiato, coinvolgendo in ciò la relazione di affetto con i figli. Quando invece tutto va bene, un elemento importante dell'amore verso i figli è quello di riconoscere in loro i tratti del partner. Soprattutto per i padri sembra valere questa considerazione: l'amore per i figli dipende dalla qualità della relazione con la loro madre.

Per i futuri genitori adottivi il desiderio di un figlio segue invece altre strade. I coniugi devono sentirsi disposti, negli stessi termini, a prendersi cura di un piccolo. Anche qui emerge un'ulteriore differenza rispetto alla genitorialità biologica. In questo caso le emozioni della mamma e del papà sono diverse: le donne sentono l'esistenza del figlio fin dai primissimi sintomi della gravidanza, lo percepiscono come una persona a sé soprattutto quando avvertono i primi movimenti del feto nel loro grembo; i padri, di solito, riescono a sentire un po' più tardi il figlio che nascerà come proprio, quando la maternità è evidente. Non solo i tempi sono diversi, anche i modi del primo percepirsi genitori sono diversi tra chi lo ha avuto in grembo nove mesi, come parte del proprio corpo, e chi partecipa dall'esterno. *Di fronte al bambino adottato, invece, i genitori sono proprio uguali*, identico è il loro coinvolgimento. Il momento nel quale lo si incontra la prima volta è davvero il primo per tutti e due.

La riparazione

Questo termine, preso dal linguaggio psicologico, fa riferimento a un'idea che sicuramente è presente nella mente del genitore che adotta, sia con l'adozione internazionale che nazionale, sia che abbia altri figli sia che non ne abbia. È l'idea che il genitore ripara un torto che la vita, il mondo, hanno fatto al bambino che si ritrova in condizione di adottabilità.

L'istanza riparativa sembrerebbe una buona motivazione all'adozione, ma su di essa convergono alcuni sospetti. Dal punto di vista del risultato a lungo termine, essere convinti di aver fatto "un'opera buona" può avvelenare l'atmosfera familiare con i miasmi di una riconoscenza obbligatoria. Il figlio non può permettersi il lusso di mandare a quel paese chi è stato tanto buono con lui, è ingabbiato in una relazione coatta. Il genitore che pensa alla riparazione può avere un approccio caritatevole nei confronti del povero bambino che ha tanto sofferto e non sapere dire di no, non sapere imporre regole, rinunzie, al piccolo tiranno.

Mi sembra che un approccio improntato a un sano egoismo sia più proficuo: i genitori volevano svolgere questo compito, gli eventi non glielo hanno permesso e hanno avuto l'esigenza di trovare un bambino, la società ha indicato questa strada per risolvere il loro desiderio.

Il bambino ha bisogno per crescere di qualcuno che lo accolga con amore (accogliere e basta, come si sa, non è sufficiente a creare una persona emotivamente sana) e, per fortuna, in qualche parte del mondo, c'è qualcuno che è disposto a farlo. L'incontro di queste due esigenze crea il patto adottivo, nel quale però, a mio avviso, non c'è chi dona e chi riceve, non c'è un benefattore. D'altra parte, non si può negare che l'atto di adottare solitamente ripara due dolori: quello dei genitori di non aver potuto avere figli (coppia senza figli) e quello del bambino di non aver avuto una famiglia. Questo punto di vista sottolinea la doppia valenza del gesto, che giova a entrambi e corregge la visione unilaterale di una coppia "di santi" che fa del bene.

Tutto questo non toglie che ci possano essere dei momenti nell'evoluzione dei rapporti tra genitori e figli nei quali il genitore biologico ricorderà le sofferenze del parto, quello adottivo le carte bollate e i rapporti con enti e tribunali, e li vedrà come ingiustamente compensati dal comportamento del "manigoldo", che suscita preoccupazioni e paure nei poveri genitori. A mio avviso però i due tipi di genitori sono sullo stesso piano, senza che quello adottivo si debba collocare su un gradino più elevato a causa dell'ingiusta sofferenza subita.

Le idee degli altri (e qualche volta anche le nostre)

I coniugi che adottano un bambino devono affrontare *alcuni ostacoli* sul loro percorso, rappresentati dalle idee altrui, cioè della "gente". Parlare di ostacoli è evidentemente una valutazione in negativo di alcune di queste idee.

Un primo problema, come abbiamo accennato, è il confronto con la richiesta, espressa particolarmente da genitori e suoceri: "ma allora quando fate un bambino?". Spesso i genitori, propri o del coniuge si esprimono in questo senso perché anche per loro la capacità generativa dei figli è una conferma della propria adeguatezza come genitori.

Quando lo stimolo ad avere un figlio nasce invece da una riflessione spontanea, qualche volta stimolata dal confronto fra la propria condizione di coppia senza figli e quella di amici e parenti che affrontano pappe e pannolini, questa influenza è più autentica ed efficace. Si tratta appunto della disponibilità alla genitorialità che fa sentire entrambi i coniugi pronti ad allevare un bambino e a vedere, quasi magicamente, gli strazi delle notti insonni, i cambi di pannolini, i pomeriggi al giardino pubblico per sorvegliare il pargolo non come seccanti incombenze, ma come elementi indispensabili per la propria identità.

Su questo punto la società attuale è molto meno imperativa di quella di una volta: la Bibbia non considerava certo l'avere figli come un'opzione possibile, ma non necessaria. Oggi una certa pressione verso l'edonismo e la realizzazione personale sembra spingere in direzione opposta e cioè a rimanere single o comunque a non avere figli.

Le cose però non sono così semplici: la tendenza alla denatalità, cioè al decremento nelle nascite, viene spesso interpretata come indizio che viviamo in tempi di egoismo, che le persone non sono più disposte a "sacrificarsi" per i figli, ma solo a spassarsela. D'altro canto il crescente numero di richieste di adozione in tutto il mondo occidentale fa invece pensare che il motivo della bassa natalità non sia l'egoismo.

Un'altra idea comune della solita "gente" è che il desiderio di essere genitori adottivi sia un atto di generosità. Chi adotta un bambino viene visto come chi dà un contributo per risolvere i problemi del Terzo mondo in maniera più energica rispetto a colui che fa una semplice adozione a distanza e non di rado viene catalogato, almeno in Italia, nel novero di chi fa "un'opera buona". Anche questa idea comune mi sembra profondamente fuorviante e mi auguro che non stia nella testa di chi vuole adottare e nell'ambiente immediato che lo circonda.

Avviarsi verso l'adozione armati di buona volontà ideologica per risolvere i problemi dell'infanzia in difficoltà non basta per "reggere" fino in fondo nell'impresa. Alcune ricerche mostrano che questa è una motivazione presente in alcune coppie religiose, che spesso hanno già figli propri, ma difficilmente sarebbe una motivazione sufficiente per coppie non particolarmente impegnate dal punto di vista religioso e che indirizzano tutte le loro aspettative verso i piccoli.

In questo caso gli altri giocano al rialzo, sopravvalutando le cause del nostro desiderio che è invece impregnato di sano egoismo e che, come tale, garantisce una determinazione più incrollabile!

Di contro, talvolta la coppia adottiva può essere valutata dall'esterno in maniera altrettanto distorta, ma al ribasso, quando se ne nega le possibilità di successo perché si ritiene che solo un legame biologico garantisca la capacità di prendersi cura adeguatamente dei bambini. Su questo posso assicurare che la psicologia non ha speso nemmeno una parola: non esiste ricerca che abbia confrontato madri biologiche e donne adulte profondamente desiderose di prendersi cura di un bambino e abbia riscontrato delle differenze nel loro comportamento. Il legame biologico, inteso come particolari condizioni ormonali che assicurano una maggiore tranquillità e protettività alla madre – per esempio che allatta –, funziona solo nel brevissimo termine e in misura limitata. Le madri non sanno grazie all'istinto cosa è giusto fare per i loro piccoli meglio di quanto possa farlo un qualsiasi adulto "dedicato" al benessere del bambino.

Gli istinti naturali hanno scarsa influenza negli umani e, mentre sono garanzia di sopravvivenza per esempio per i gattini, i piccoli umani possono contare su istinti di protezione meno biologicamente fondati. In altre parole mentre nel mondo animale le manifestazioni di interesse e cura per i piccoli che non sono stati partoriti dall'animale stesso sono modeste, anche se non del tutto assenti, questo non vale per gli umani che sono più flessibili. Questa è la loro arma vincente nell'evoluzione e, quindi ci sono poche cose che sanno fare "naturalmente" e molte che invece apprendono. Gli umani sono animali culturali, nei quali le idee e le convinzioni hanno un valore determinante.

Le ricerche sulle capacità genitoriali mettono sullo stesso piano padri e madri, anche se con modalità diverse e, appunto, non esaltano affatto un valore aggiunto che deriverebbe alla donna dall'esperienza della gravidanza. La capacità di proteggere, di prendersi cura, di provare tenerezza o anche, più nello specifico, di rivolgersi con una intonazione di voce particolare ai bambini piccoli costituisce sì un nostro bagaglio genetico, ma comune a tutti, maschi e femmine, e non è migliorato dal fatto che uno si rivolga alla propria prole.

Se vogliamo controbattere i sostenitori della maggiore "naturalità" delle cure delle madri biologiche, possiamo sempre scovare anche tra gli animali gruppi di scimmie o di suricati dove i piccoli sono di tutti, possiamo rallegrarci delle cagnette che allattano tigrotti e di altri splendidi esempi di adozione che superano addirittura il confine delle specie diverse. Tutto questo per sgombrare il campo da sospetti di superiorità nell'amore materno delle madri che hanno partorito il proprio bambino.

La storia dell'infanzia è piena di vicende, anche drammatiche, che mostrano come il rapporto con i bambini sia storicamente e culturalmente determinato. È oggi appurato che "genitori si diventa" e che molte giovani madri biologiche, per esempio, possono confessare di non sapere bene cosa fare per il benessere del piccolo, purché siano disposte a rinunziare alla retorica della loro spontanea onniscenza dettata dall'istinto materno.

Altro "spettro" ideologico, ancora più ingombrante, del quale liberarsi è quello dell'eredità genetica della quale i bambini adottati sono portatori.

Se da un lato persone indelicate possono chiedervi: "cosa sapete dei genitori del vostro bambino?" e voi potete tranquillamente ignorare la loro malevola curiosità, la questione merita di essere risolta anche nel vostro cuore in maniera approfondita. I genitori adottivi devono domandarsi quali siano i sentimenti che provano per i genitori biologici del loro figlio e devono anche farsi un'idea di cosa può essere geneticamente trasmesso.

La prima questione è delicata, riguarda appunto il cuore, le emozioni e non può essere affrontata con argomenti razionali, ma solo con un esame di coscienza approfondito. È possibile provare tutta una gamma di sentimenti, dalla gelosia nei confronti di chi aveva il nostro tesoro e non ha voluto o potuto tenerselo, alla pena, se si pensa che miseria o ostilità di altri hanno impedito alle madri e ai padri di allevarli. Ma possiamo provare anche un sentimento di inferiorità per qualcuno che ha avuto un'esperienza che noi non riusciamo ad avere, o disprezzo per chi non ha combattuto per tenersi il proprio bambino.

Questo chiarimento va fatto sia per se stessi che per il figlio. La presa di coscienza di questi sentimenti complessi, non necessariamente benevoli, serve infatti per la nostra serenità, ma soprattutto perché questi sentimenti, in maniera più o meno consapevole ed esplicita, li comunicheremo al nostro bambino. Egli crescerà e poi, arrivato all'adolescenza, rifletterà su questo, avendo in mente l'immagine dei suoi genitori biologici che noi gli abbiamo trasmesso. Se nel nostro pensiero prevale l'ostilità e il disprezzo verso di loro, il bambino si potrà sentire coinvolto in questa condanna. Se gli comunicheremo che i suoi genitori non lo hanno voluto per loro cattiveria, lui sentirà ancora di più la ferita del suo abbandono e le sue colpe per il fatto di aver meritato questo abbandono, per quanto irragionevole sia la cosa. Se riusciremo, invece, a far prevalere in noi l'idea che condizioni di vita difficili hanno costretto chi era sicuramente buono e lo amava a rinunziare a lui, gli faremo sentire che è una persona preziosa. Questi messaggi vengono comunicati molto più di quanto non si creda, non c'è bisogno di conversazioni chiarificatrici alla soglia dei 14 anni, bastano, per esempio, i commenti fatti in famiglia quando in televisione vengono riferiti casi di abbandono o mille altre situazioni che offrono indizi del nostro pensiero.

Un aspetto della questione ha però maggiori possibilità di discussione in termini razionali: quanto dell'eredità dei genitori biologici viene trasmesso a un bambino che cresce però in un contesto del tutto diverso? Questo è un problema sul quale ci sono elementi scientifici per discutere.

Presupposto di questo interesse è il timore che i genitori del bambino siano stati di fatto persone perdenti nella vita, se hanno addirittura potuto o dovuto rinunziare al loro figlio. Cosa è passato di questa inadeguatezza al figlio?

Nelle ricerche degli psicologi dello sviluppo che hanno studiato soprattutto i gemelli identici ed eventualmente quei rari gemelli allevati separatamente, quindi basandosi su gruppi poco numerosi, sono state identificate solo poche questioni sulle quali sembra che la predisposizione genetica influisca più decisamente dell'ambiente di sviluppo: l'intelligenza e l'abilità linguistica, il comportamento antisociale e aspetti psicopatologici, come per esempio la schizofrenia.

Da genitore adottivo e insieme psicologa ho molti dubbi nell'affermare queste cose senza le dovute cautele: la maggiore incidenza del bagaglio genetico rispetto a questi tratti significa che esiste una maggiore probabilità che certi aspetti negativi si manifestino se l'ambiente contribuisce a incoraggiarli. Il messaggio che vorrei comunicare non è quindi quello di allarme, ma di serena consapevolezza di una sfida. Prendiamo per esempio la propensione a un *comportamento antisociale*, ciò vuol dire semplicemente che, in un ambiente che valorizza e legittima i comportamenti antisociali, i soggetti che hanno questo bagaglio genetico hanno maggiori probabilità di percepirne il fascino.

Per quanto riguarda invece la questione dell'*intelligenza*, un'ulteriore avvertenza consiste nel non considerare indizio di scarsa intelligenza i probabili insuccessi scolastici dei bambini adottati. Questi insuccessi (dei quali parleremo più avanti) vanno messi in conto, piuttosto, alle inadeguatezze dell'ambiente cognitivo del loro primo sviluppo, per esempio l'istituto, alle difficoltà linguistico-cognitive, talvolta al passaggio, per i bambini più grandi, a sistemi scolastici diversi, piuttosto che a una "tara" ereditaria.

Sull'ultima questione, l'eredità relativa alla *psicopatologia*, invito tutti a pensare quanto sia frequente che qualche granello di "pazzia" sia presente anche nella famiglia di origine di ognuno di noi, senza che questa eredità familiare funzioni secondo un determinismo irrevocabile. Mi auguro comunque che questi elementi di incomprensione e di diffidenza rispetto al valore e alle caratteristiche dell'adozione siano sempre meno presenti nel mondo che circonda la coppia adottante e nel suo stesso pensiero.

Infatti sono rimasta colpita leggendo un libro, peraltro ottimo, *L'altra adozione*, di Elena Sormano (1991), da come vi venivano descritti fraintendimenti e rigidezze sulla questione delle "tare" ereditarie presenti negli ambienti, soprattutto nei piccoli centri, che accoglievano il bambino adottato. Mi sembra che oggi questi stereotipi stiano invece decisamente diminuendo. Ho cioè l'impressione che ci sia una maggiore accettazione dell'adozione, legata al suo incremento quantitativo, ma anche all'apertura alla varietà interetnica e alla pluralità di tipologie di famiglie, che, secondo me, caratterizzano positivamente la nostra epoca. Tutto ciò è molto importante perché non ci si può illudere che della buona riuscita del processo adottivo siano responsabili solo i genitori e il bambino stesso.

Come tutti i processi psicosociali ci si rende conto che la "dimensione ecologica" è importantissima. In questo caso per contesto ecologico si intende l'insieme degli ambienti, via via più ampi, che contribuiscono allo sviluppo psicologico degli individui. Il contesto non è solo quello familiare, né quello costituito dal vicinato, dai parenti, dalla scuola, da coloro che vengono in contatto diretto con il bambino, ma anche dall'atmosfera sociale che si respira, dalle leggi e dagli atteggiamenti più diffusi.

L'adozione passo dopo passo

La valutazione dell'idoneità degli aspiranti genitori

Come è noto, per potere avere un bambino tramite l'adozione si deve seguire un percorso molto più difficoltoso di quello che normalmente seguono, se non hanno problemi sanitari particolari, i genitori biologici. Per loro è una passeggiata... per i genitori adottivi è un tormentato sentiero in salita! Questa affermazione comunica un po' di invidia, ma vorrebbe anche trasmettere il senso sociale di questa differenza: la società vuole essere sicura, per il prevalente interesse del bambino, del valore della motivazione che spinge la coppia. È giusto che la società si impegni a valutare la ragionevolezza di un atto che avrà tante conseguenze, individuali e collettive, che vagli la miglior coppia disponibile per i bambini, perché non ci siano persone tormentate o irresponsabili che vogliono un bambino come un cucciolo.

Teoricamente questa valutazione in un Paese molto dirigista potrebbe essere fatta preventivamente anche a chiunque desideri concepire e poi allevare un figlio. Non arriveremo si spera mai a questi controlli, ma è giusto che la società tuteli lo sviluppo del legame di filiazione nel momento in cui deve dare il proprio avallo alla sua creazione. Concepire la cosa in questi termini dovrebbe aiutare a sedare l'ansia legata ai colloqui di valutazione, che possono essere vissuti come un esame, mentre dovrebbero essere una sorta di orientamento nel quale persone che conoscono le difficoltà del percorso adottivo riflettono con la coppia sulle possibilità di successo del suo abbinamento a un bambino generico o specifico. Va comunque tenuto presente che il numero di coppie che realizzano l'adozione è di circa 1/3 rispetto a quanti hanno presentato domanda. La rarefazione del numero può essere dovuta sia alla non accettazione o sospensione della richiesta rivolta al Tribunale dei Minorenni, sia alla rinunzia della coppia, sia al ritardo degli enti di intermediazione nel portare a termine il progetto adottivo in caso di adozione internazionale.

Mi sembra che questa tranquilla consapevolezza del diritto della società, e per suo tramite degli enti che si occupano del benessere dei bambini, ad accertare l'adeguatezza della coppia come futuri genitori potrebbe bastare a sostenere la volontà deli coniugi, che devono sopportare alcune esperienze sgradevoli: l'invasione della proprio intimità affettiva e, molto più dolorosa, la dilazione nel tempo del desiderio di genitorialità.

Il processo per arrivare dalla richiesta di adozione all'ottenimento del bambino, prevede comunque *tempi lunghi* che, se giustificati nell'arco di un anno circa (a fare un bambino nella normale gravidanza ci vogliono 9 mesi), possono però diventare esasperanti se prolungati da una burocrazia apparentemente malevola nel Paese di origine del bambino.

La legge italiana prevede tempi certi tra la presentazione della domanda e l'ottenimento della dichiarazione di idoneità all'adozione per la coppia. Ottenuto il decreto, la coppia, nel caso di adozione internazionale, deve indicare entro un anno (scaduto il quale l'idoneità decade) l'ente che intende delegare alla ricerca del bambino all'estero. I ritardi di solito si accumulano nella fase dell'abbinamento della coppia con uno specifico bambino e sono accompagnati da molta ansia da parte delle coppie, che però possono solitamente disporre di sostegno da parte delle associazioni cui hanno conferito la delega di cercare il bambino.

In alcuni Paesi i genitori affrontano un *percorso formativo* prima di essere valutati nella loro idoneità come possibili genitori. Una sorta di orientamento che può servire a verificare la loro decisione.

Potrebbe tuttavia essere un problema il fatto che questa formazione si concluda con una specie di esame, eventualmente sostenuto con gli stessi operatori con i quali si è discussa la propria motivazione.

Nel nostro Paese, invece, si ha prima la domanda presso il Tribunale per i Minorenni, poi l'istruttoria e la dichiarazione di idoneità. Solitamente, le associazioni che fungono da intermediari o gli enti pubblici assicurano un corso di preparazione che, a loro discrezione, può essere tenuto prima o dopo la dichiarazione di idoneità. La cosiddetta *istruttoria sociopsicologica* è la procedura grazie alla quale una persona, inviata dai servizi socioassistenziali della zona di residenza della coppia su delega del Tribunale per i Minorenni documenta se la coppia è idonea all'adozione e formula anche delle indicazioni sul bambino da adottare. Di solito sta alla competenza professionale e alla sensibilità dell'assistente sociale o psicologo che svolge le domande dell'istruttoria creare un ambiente accettante e sensato per discutere del desiderio di adozione della coppia. La stessa persona dovrebbe permettere agli aspiranti genitori di far emergere in modo autentico la propria motivazione, ma anche i propri timori, e poi trasmettere le sue conclusioni al Tribunale.

Quello che deve valutare è l'*idoneità a mantenere economicamente il minore*, l'*idoneità dell'ambiente familiare* (che comprende l'organizzazione domestica e gli atteggiamenti verso l'adozione di nonni e parenti), l'*idoneità dell'ambiente fisico* e l'*idoneità a educare*. Possono esserci domande anche relative alla salute, per escludere casi estremi di malattie invalidanti che possono rendere difficile occuparsi di un bambino.

In termini un po' meno burocratici ciò che viene verificato è la capacità della coppia di proteggere il bambino, di occuparsi e preoccuparsi del suo benessere fisico e psichico, di farlo crescere. Questa ultima notazione evidenzia il compito comune a qualsiasi lavoro genitoriale: portare via via il figlio all'indipendenza, commisurata alla sua età.

Non viene comunque valutata la congruenza con una figura di genitore ideale, e come tale inesistente, quanto la disponibilità all'apertura e al cambiamento presente nella coppia. Tutto questo prevede quindi un colloquio franco e approfondito. Nel caso ci siano altri figli anche la loro disponibilità rispetto all'arrivo di un nuovo membro in famiglia deve essere esplorata. Il dialogo è prezioso perché il rapporto finale deve contenere gli elementi che permettono la realizzazione dell'abbinamento tra quella coppia e uno specifico bambino, quindi è giusto che sia esaustivo e dettagliato.

Ecco una lista degli elementi che vengono solitamente indagati, proposta in una recente pubblicazione (Chistolini, 2003, p. 238):

- la personalità dei coniugi;
- le competenze genitoriali;
- la rete relazionale;
- la scelta adottiva;
- la preparazione all'adozione;
- la presenza di altri figli.

I futuri genitori non hanno normalmente il diritto di controllare la relazione, ma spesso gli assistenti sociali la discutono con la coppia.

Questo delicato processo viene quasi sempre travisato dalle notizie giornalistiche che fomentano l'immagine di assistenti sociali senza cuore che privano adulti responsabili della possibilità di allevare un bambino per motivi pretestuosi. Le cose non stanno così: gli assistenti sociali non hanno tra i loro obiettivi quello di rubare i bambini a genitori validi o di privare del ruolo genitoriale persone mature e adeguate per esserlo. Cito un libretto, scritto da M. Weyner nel 1979, che in forma scherzosa mette in guardia da alcuni pericoli; leggerli può indurre a un proficuo esame di coscienza.

«Chi vuole adottare un minore per salvare un matrimonio che

va a rotoli, non raggiungerà certo il suo scopo: per di più coinvolge il minore nel fallimento del suo matrimonio, e così gli impone un grave fardello. Chi vuole adottare un minore per fare piacere al suo partner commette un peccato contro il minore. Chi vuole adottare un minore per dare un fratellino o una sorellina al proprio figlio, come compagno di giochi, commette un'ingiustizia nei confronti di entrambi i bambini. La donna che vuole adottare un minore e spera, così facendo, di restare incinta essa stessa, usa il minore come medicina o (nel migliore dei casi) come un surrogato di un figlio proprio. Poi scoprirà in se stessa grandi problemi emozionali. Chi vuole adottare un minore per riempire una vita vuota si aggrapperà al minore in modo tale che questo non sarà mai in grado di diventare un essere umano indipendente. Chi vuole adottare un minore perché il proprio figlio è più legato all'altro genitore (in altre parole perché vuole un bambino proprio!) corre immensi rischi. Chi vuole adottare un minore per fare una buona azione farebbe meglio a scordare completamente l'idea. Chi non è disposto ad accettare un minore così come è, chi cerca di incolpare di questo il suo patrimonio genetico, chi non è disposto ad aiutare a capire i suoi genitori, chi vuole proteggere il minore dal suo passato, è una persona che non deve adottare! Chi non è disposto a riflettere sulle sue motivazioni per l'adozione, sul suo atteggiamento verso il modo di crescere i bambini, sul suo stesso modo di vivere, non dovrebbe neanche lui adottare! Ma chi ha esaminato scrupolosamente le sue motivazioni, le sue capacità e i suoi mezzi, chi pensa che le precedenti caratteristiche non siano applicabili a lui e chi, soprattutto, ama i bambini, può correre il rischio di adottare un bambino».

La relazione viene infine sottoposta ai giudici onorari del Tribunale, che di solito formulano il parere definitivo espresso dalla sentenza dei giudici togati del Tribunale per i Minorenni, che dichiarano se la coppia può o meno essere idonea ad adottare e, basandosi sulla relazione, formulano anche delle indicazioni più o meno ampie sulle caratteristiche del bambino da abbinare.

Tra la domanda per ottenere l'idoneità all'adozione e la visita a domicilio dell'operatore che stende la relazione passa comunque del tempo. Solitamente si tratta di un periodo di 4 mesi, a questo si sommeranno almeno altri 2 mesi perché il Tribunale pronunzi il decreto. Alcuni studiosi hanno dichiarato che questo tempo dell'attesa è in realtà proficuo, segnato da riflessioni sull'impegno futuro: una sorta di tempo dedicato al "concepimento adottivo".

Come al solito esiste una certa discrepanza tra l'idea teorica sacrosanta che il tempo dell'attesa va valorizzato, visto che è un tempo di elaborazione della propria disponibilità, e la situazione dolorosa che, mi risulta, molte coppie hanno sperimentato. I tempi necessari alle associazioni che si occupano dell'intermediazione a dare risposta alle richieste, spesso numerosissime, si prolungano e qualche volta può anche capitare che insorgano problemi di relazioni internazionali tra l'Italia e il Paese d'origine del bambino.

Come sostiene Annamaria Dell'Antonio anche se «l'adozione è un atto giuridicamente relativamente semplice (a parte le difficoltà burocratiche), psicologicamente è un atto assai complesso» (1986, p. 141). Immaginando una situazione normalmente positiva, invece, questo tempo è necessario e utile per prepararsi a un processo analogo a quello dell'innamoramento, in cui si incontrano due "desideri". Spesso nella fase di preparazione si ricevono delle foto e si hanno le prime notizie sull'identità del piccolo. Talvolta si prepara la casa all'arrivo di un nuovo abitante, proprio come quando si aspetta un bambino. Come sempre esiste un equilibrio ragionevole tra preparare tutto, che può far pensare ad aspettative un po' rigide, predefinite, nelle quali il bambino deve calarsi a puntino, e non organizzare in alcun modo l'accoglienza. Personalmente ricordo l'acquisto dei vestiti, una specie di "corredino" minimale per rivestire il bambino quando ci sarebbe stato consegnato e ricordo il buffo effetto che faceva quando andammo a prenderlo, con i vestiti che avevo acquistato basandomi sull'età scritta sui documenti e che invece gli stavano enormi. Va inoltre tenuto presente che non sempre nel Paese del bambino si può agevolmente trovare tutto ciò di cui abbiamo bisogno. Ricordo in particolare la caccia a un paio di scarpe, che non avevo proprio voluto acquistare prima di partire, visto che non conoscevo la misura del piedino, e che ci ha portato nei recessi di improbabili grandi magazzini socialisti: anche se ormai il regime era caduto, la scarsità di merci era rimasta immutata.

L'abbinamento

Attualmente alle organizzazioni che gestiscono le adozioni internazionali spetta anche il compito di sovrintendere al processo di abbinamento del singolo bambino con la coppia che si è rivolta a essa, anche se l'abbinamento di per sé è deciso dall'autorità del Paese del bambino.

Di nuovo i futuri genitori, pur avendo ottenuto l'idoneità, si trovano a dover dipendere dalla discrezionalità altrui sia per i tempi sia per l'ottenimento di quello specifico bambino.

Alcune organizzazioni, quelle di più antica tradizione, dedicano molta cura a questo passaggio, che è fondamentale. I ritardi nell'abbinamento possono essere anche dovuti a qualche errore nella proposta di abbinamento fatta dagli enti italiani.

Come dicevamo, l'abbinamento viene fatto in base al decreto del Tribunale dei Minorenni italiano che, a sua volta, recepisce le indicazioni della relazione dei Servizi territoriali. Queste indicazioni derivano sia da quello che la coppia dice esplicitamente sia da quello che emerge rispetto alla loro disponibilità ad accogliere e qualche volta anche dalle caratteristiche dell'ambiente di vita della coppia (una cosa è vivere in una grande città, più aperta al multiculturalismo, una cosa è vivere in un minuscolo paesino di montagna). Vale la pena di invitare le coppie alla sincerità, perché se una disponibilità incondizionata "fa fare una bella figura" con l'assistente sociale, ma non corrisponde in realtà a quello che la coppia sente, c'è il rischio che questo ventaglio così ampio di ipotesi rimanga aperto anche nel decreto e quindi indirizzi l'abbinamento verso una scelta cui i genitori non sono in realtà disponibili. L'indicazione è, quindi, di nuovo: non "barare" giocando ai genitori perfetti!

Gli enti autorizzati

In caso di adozione internazionale, gli enti autorizzati a seguire le coppie nel loro percorso costituiscono un interlocutore importante. Come abbiamo chiarito, le coppie si devono rivolgere a loro entro un anno dall'ottenimento del decreto di idoneità perché li aiutino nel "trovare" il bambino; inoltre essi costituiscono una garanzia sia per la comunità che per i singoli dello svolgimento regolare delle pratiche di adozione nello Stato estero.

La maggior parte di questi enti, oltre che occuparsi di adozioni, cura anche programmi di aiuto per l'infanzia in difficoltà nel Paese estero. Si tratta di Onlus, ovvero di organizzazioni senza fini di lucro. Il loro riconoscimento come enti deputati all'intermediazione è dovuto alla stipula della Convenzione dell'Aja, già citata, alla quale aderiscono un numero via via crescente di Stati. L'ente assume delle responsabilità in quanto rappresenta all'estero l'autorità centrale italiana per le adozioni internazionali ed è sottoposto a continui controlli. I compiti di questi enti sono: preparazione delle coppie sia prima della decisione di adottare che dopo, una volta ottenuto il decreto; appoggio nel percorso adottivo in Italia tramite consulenze e indicazioni; accettazione o ricusazione degli abbinamenti tra la coppia e quello specifico bambino, che vengono stabiliti dai tribunali del Paese di origine; sostegno, sempre nel Paese del bambino a livello sia pratico che psicologico alla coppia che è andata a prendere il figlio, regolando al meglio per il benessere del bambino gli incontri tra i membri della nuova famiglia.

Forse qualche piccola *indicazione per la scelta dell'ente* cui rivolgersi può essere utile. La scelta dovrebbe essere guidata da tre ordini di considerazioni: gli enti di antica tradizione, che hanno curato già molte adozioni, sono evidentemente particolarmente affidabili; altro elemento di scelta è l'entità della presenza dell'ente nel Paese dal quale desideriamo avere il bambino; ulteriore elemento è la vicinanza geografica – in Italia, nella propria regione – della sede dell'ente, perché anche questo, come è ovvio, facilita gli indispensabili incontri e i contatti.

Quanti bambini, maschio o femmina, di che età, da dove?

Una volta che la decisione di seguire un percorso di adozione sia maturata nei coniugi, si pone il problema di decidere quanto spazio c'è nel nostro cuore e nella nostra casa per accogliere *un bambino o diversi bambini*. Spesso i genitori sarebbero inizialmente disponibili ad adottare solo un bambino e poi invece decidono di adottare dei fratellini per non separarli, soprattutto se hanno avuto modo di vederli insieme nel loro Paese. Anche questa è una decisione che deve essere ben ponderata, perché non si tratta solo di aggiungere una scodella di minestra, ma di dare identica disponibilità a più persone.

Nel caso drammatico, ma non impossibile (alcuni dati recenti parlano dell'1,8% sul totale delle adozioni), di fallimenti adottivi, è stato abbastanza spesso constatato che il fallimento si verificava nel caso di un'adozione plurima, nella quale uno dei due bambini, spesso il più grande, era stato adottato semplicemente per potere "avere" il fratellino, particolarmente ambito per sesso o per età. Anche i genitori adottivi sono umani e quindi una scelta del genere è più che "giustificabile", ma è necessario che sia ben ponderata. Queste grandi questioni se non esplicitate pesano molto nelle relazioni umane. La situazione nella quale invece i genitori adottano in un secondo momento un altro bambino, dopo una prima esperienza positiva, non presenta le stesse ipoteche, ma prevede solo una più ovvia situazione di gelosia tra i fratelli.

Sulla questione invece del *sesso privilegiato* (maschio o femmina), non si hanno risposte specifiche in base all'esperienza finora maturata sulle adozioni. Non è certo vero che le bambine "si affezionano di più" e anche la motivazione, un po' antiquata e sicuramente egoistica, che potranno dare una mano ai genitori una volta diventati vecchi, non regge in questi tempi di uguaglianza di opportunità lavorative tra i sessi. La scelta riguarda la sensibilità dei coniugi. In questi ultimi anni tramite l'adozione internazionale sono stati adottati un maggior numero di maschi.

La questione dell'*età* si pone invece in termini diversi: è sempre meglio potere adottare un bambino piccolo. Chiaramente, più passano gli anni e maggiori sono le problematiche che il piccolo ha dovuto affrontare senza una guida, più difficile è quindi il compito riparativo dei genitori. Pensare che adottare un bambino più grande possa comportare un "risparmio" di energie nel crescerlo non è una buona speculazione. Se possibile, il criterio della età minore del bambino deve fare aggio su qualsiasi altra considerazione. Anche se la conclusione è la stessa, cioè appunto cercare di adottare un bambino più piccolo possibile, tale esigenza può celare un atteggiamento poco produttivo di gelosia da parte della coppia adottiva: lo vogliamo piccolo perché così sia più "nuovo", più "nostro", perché si possa far finta di averlo prodotto noi. Evidentemente questa motivazione, comprensibile, ma improntata al rifiuto dell'esperienza e dell'alterità del bambino non è quella giusta.

Ultima questione è la *provenienza* del bambino: anche qui il buon senso aiuta più delle ricerche specifiche che peraltro sono assai scarse. L'adozione nazionale è un percorso facilitato per i coniugi che spesso hanno la grande emozione di sentirsi, da un giorno all'altro, chiamare per ricevere nelle loro braccia un neonato. Di solito questa soluzione riguarda le coppie più giovani.

Il percorso dell'adozione internazionale comporta normalmente tempi di attesa maggiori che possono rendere molto più significativa l'eredità culturale che il bambino si porterà dietro: quanto maggiore sarà la sua età, tanto più facilmente egli avrà avuto esperienze difficili, dall'abbandono all'istituzionalizzazione, e che sia perciò "diverso".

Riesce difficile immaginare quanto una cultura possa incidere fin dalle primissime ore di vita di un essere umano, eppure è così. Le modalità della nascita e dell'allattamento, la quantità di tempo che un neonato viene tenuto in braccio o lasciato nella culla sono diverse e già influenzano il piccolo essere.

Senza lanciarsi in ipotesi un po' fantasiose su caratteristiche culturali e genetiche insieme, è indubbio che alcune etnie abbiano una maggiore propensione per la musica o uno sviluppo motorio accelerato e che questo abbia delle conseguenze sulla crescita del bambino. La scelta di un determinato Paese di provenienza è sì qualche volta dettata da motivi pratici (per esempio un'associazione particolarmente attiva che assicura tempi di attesa più brevi), ma è soprattutto la scelta di una cultura.

Quello che conta non è però solo la cultura di per sé, ma anche l'idea che noi ce ne facciamo e che ci porterà a favorire o ostacolare certi comportamenti del bambino che ci sembrano tipici del suo Paese di provenienza.

Adottare per esempio un bambino russo può portare ad apprezzare particolarmente il suo humor, così presente nella cultura e nella letteratura russa, e a lodare, incoraggiare battute e osservazioni umoristiche del "piccolo russo".

Ovviamente le aspettative negative, legate a stereotipi che possono diventare pregiudizi, agiscono anche queste nella nostra mente e ci accompagnano nel crescere il nostro piccolo straniero. Scegliere quindi un bambino che proviene da Paesi occidentali, come per esempio quelli del mondo ex socialista, assicura un'eredità culturale più vicina alla nostra sensibilità e un minore sforzo di esplorazione di dimensioni lontane e sconosciute. Comunque l'adozione internazionale comporta un ulteriore elemento di confronto con la diversità, che è l'essenza dell'adozione. Adottare vuol dire aprire il proprio cuore e la propria casa a qualcuno che ti è estraneo: quanto più grande è il bambino, quanto più proviene da Paesi lontani, quanto più diverso è il suo aspetto, tanto maggiore sarà l'impegno di accettazione richiesto ai genitori adottivi.

In subordine al Paese di provenienza, i futuri genitori devono anche chiedersi quanto siano disposti ad accettare bambini con un aspetto molto diverso dal loro. Può essere gratificante ricevere il commento "ti somiglia come se fosse tuo figlio", che talvolta può essere detto per bambini con tratti somatici simili ai nostri e che manifestino aspetti dell'espressione del volto o modi di muoversi e di parlare simili ai nostri, ma la mancanza di tutto ciò non sarà l'unico problema. Bambini appartenenti a etnie diverse, con tratti somatici non caucasici, possono essere oggetto di discriminazione nella nostra società fin dalla scuola. Siamo pronti ad affrontare con il necessario equilibrio, senza cadere nell'iperprotettività, la probabile lotta che il bambino dovrà sostenere? E, questione ancor più delicata, i bambini adottati diventano poi adulti che dovranno trovarsi un partner: siamo sicuri che l'ambiente in cui viviamo sia disponibile a coppie interetniche?

Come sempre queste osservazioni da "grillo parlante" intendono essere delle avvertenze, perché ciascuno valuti le proprie forze ed energie e, in questo caso, anche il grado di apertura offerto dall'ambiente in cui il bambino crescerà.

Parte seconda

Il cambiamento-nascita

L'incontro

In caso di adozione internazionale i bambini vengono affidati ai genitori adottivi con modalità diverse a seconda dei Paesi. Un procedimento auspicabile dovrebbe favorire la costruzione progressiva del rapporto attraverso una frequentazione di una certa durata nel Paese di origine del bambino, adeguatamente preparato da spiegazioni su cosa stia succedendo.

Nella realtà, non è raro che le istituzioni locali si mostrino, invece, molto sbrigative e diano in consegna il bambino il giorno stesso in cui i futuri genitori lo hanno conosciuto. C'è da chiedersi, da un lato, quale sensibilità psicologica sia manifestata da un simile comportamento, dall'altro quanto sia possibile trattare per avere invece a disposizione un periodo ragionevole per conoscersi. Comunque sia, cosa sarà stato detto al bambino per prepararlo all'incontro?

Personalmente, ho avuto l'esperienza della "consegna veloce", molto emozionante e rassicurante per il genitore che può portarsi via il figlio subito. Tuttavia mi chiedo come la cosa sarà stata presentata a lui: ho avuto il sospetto che a mio figlio fosse stato detto che noi eravamo "i suoi genitori venuti a prenderlo", ma cosa capisce un bambino di una affermazione del genere? Non potrebbe credere che noi siamo i suoi genitori biologici che solo a un certo punto si sono decisi a venirlo a prendere? E perché non prima? Ovviamente questa fantasia può essere molto fuorviante. Forse varrebbe la pena di chiedere esplicitamente all'istituzione che "consegna" il bambino come e con quali parole, l'evento sia stato preparato.

Altrettanto utile sarebbe avere informazioni dettagliate sulla vita del bambino e sulle sue abitudini. Tutto ciò renderebbe sensati e comprensibili reazioni e comportamenti successivi ma, per quel che mi risulta, trascuratezza, riserbo burocratico e scarsa sensibilità psicologica fanno sì che queste informazioni non vengano fornite.

Sarebbe davvero prezioso ottenere qualcosa, in base all'ovvia considerazione che un bambino non è un pacco, magari facendo il confronto con tutti i dettagli e le precisazioni che, nel nostro Paese, vengono scambiate tra la madre e l'educatrice all'atto dell'iscrizione del figlio al nido o alla scuola dell'infanzia.

Se il bambino viene adottato seguendo l'iter dell'adozione nazionale e quindi ha soggiornato in istituzioni del nostro Paese, di solito almeno le informazioni relative alle sue particolarità vengono date dalle educatrici che li hanno seguiti, e sono preziose.

In quei momenti può valere la pena di fare uno sforzo per "guardare la scena dall'alto" e riflettere su cosa succede nella nostra mente e cosa in quella del bambino. Dal punto di vista simbolico si tratta di una nascita e come tale spesso è ricordata dai protagonisti e l'occasione potrebbe essere festeggiata come una sorta di particolare compleanno, quello della costituzione del patto adottivo.

Si tratta di un momento magico di doppio riconoscimento; i genitori riconoscono quel bambino come loro figlio e il figlio li riconosce come genitori. Parlare di riconoscimento vuol alludere ai due significati della parola: legittimazione reciproca e anche scoperta che "proprio quel bambino" ora è nostro figlio e che "proprio quella coppia" è quella dei miei genitori.

I genitori provano un'emozione fortissima, conoscono per la prima volta colui che diventerà il personaggio più importante della loro vita affettiva futura, chi li trasformerà in genitori, una condizione irreversibile di "preoccupazione", intesa come creazione di uno spazio mentale di cura, dedicato a una persona.

Donald Winnicott affermava che «passeranno i prossimi 25 anni [evidentemente pensava a un neonato] cercando di risolvere il problema che abbiamo proposto loro».

I genitori sono, ognuno con la propria sensibilità e ruolo specifico, comunque nell'identica situazione rispetto all'evento, e questo è sicuramente diverso dalla conoscenza del figlio che avviene in sala parto.

D'altro canto però vale la pena di immaginare cosa penserà il bambino che, purché abbia un barlume di coscienza (già nella seconda metà del primo anno di vita potrebbe averla), farà l'esperienza di essere strappato dal suo mondo, mentre da ora in poi dovrà affidarsi completamente nelle mani di sconosciuti.

Suggerisco questo esercizio di riflessione perché mi sembra che possa attenuare la fantasia salvifica del genitore, che potrebbe non immaginare che in questo evento ci siano anche delle componenti drammatiche, difficili da elaborare mentalmente da parte del bambino.

L'istituto

In molti Paesi i genitori visitano il bambino presso l'istituzione dove ha vissuto fino a quel momento e così possono conoscere il mondo che ha costituito l'orizzonte mentale del loro futuro figlio.

Alcune ricerche indicano che la condizione di avere sperimentato solo la vita dell'istituto è più negativa che avere avuto una famiglia, anche se per breve tempo, e poi averla persa. L'avere sperimentato un legame familiare intimo, anche se si è spezzato, può infatti essere considerato un fattore protettivo dell'equilibrio psichico.

Vi è di contro, ed è una minoranza, chi pensa che sia meglio che questa relazione non si sia stabilita affatto, cioè che il bambino abbia vissuto in istituto fin dall'inizio. Possibilità che talvolta si accorda con le fantasie della coppia adottiva, che preferirebbe un bambino che non abbia già avuto dei legami che sono stati recisi, illudendosi che il bambino sia stato tenuto in istituto, un po' come in frigorifero, per loro.

Vi è un'ulteriore possibilità che va tenuta presente, anche solo come ipotesi, nel caso di successive difficoltà incomprensibili nella relazione con il figlio adottivo: quella cioè che il legame non sia stato reciso improvvisamente, ma con un lento e penoso diradarsi di visite e di incontri.

Non di rado ci sono stati tentativi di affidamento o adozione andati male. In alcuni Paesi il bambino può essere dichiarato adottabile solo dopo che è stata esperita la strada dell'adozione nazionale. E se questa strada fosse stata percorsa senza successo e il bambino fosse stato riportato in istituto? Se in altre parole si fosse già verificato un fallimento adottivo nella sua storia? Questo non possiamo saperlo. Anche se il suo passato si è svolto in famiglia, o peggio nella strada, sarà comunque l'istituto l'ultima "casa" che il bambino lascerà allontanandosi dal proprio Paese e mi sembra utile che i genitori la conoscano direttamente.

Possono vedere gli altri bambini, le "tate", sentire i rumori della vita di un istituto, che sono così diversi da quelli di una casa per quanto abitata da molte persone, annusarne l'odore. Di solito nei luoghi dove ci sono molti bambini piccoli, pensate a nidi e asili, c'è un rumore forte e continuo: immaginate quindi il mondo acustico nel quale è stato immerso un bambino istituzionalizzato. Gli odori "istituzionali" sono fatti di aromi di cucina e di disinfettante e di altre cose meno igieniche..., ma comunque diversi da quelli di una casa. Il quadro visivo, olfattivo, uditivo nel quale il bambino è immerso è sempre lo stesso, monotono. I piccoli in istituto non vanno fuori altrettanto spesso quanto quelli che vivono in famiglia: la monotonia è la regola fondamentale.

In questi ambienti i bambini non sono mai soli, indipendentemente dall'età che hanno. Questo aspetto può essere in parte responsabile di alcuni dei tratti che spesso si riscontrano nei bambini adottati che hanno vissuto in istituto: la socievolezza eccessiva, ma superficiale, e la scarsa capacità di stare da soli. La socievolezza superficiale si esprime nella mancanza di timidezza nei rapporti con gli altri e contemporaneamente nell'incapacità di instaurare relazioni esclusive e davvero intime.

L'istituto è un contesto nel quale necessariamente non si sviluppano delle individualità, poiché richiede un adeguamento passivo alle regole. La seguente osservazione mi sembra particolarmente calzante: «È evidente che l'adeguamento passivo all'ambiente non implica un superamento dei bisogni e delle aspettative, tuttavia il bambino cerca di fare in modo che il suo vissuto più profondo non interferisca con il suo rapporto diretto con la realtà. Egli gradatamente "costruisce" una immagine di sé da proporre agli altri, a cui adeguare il proprio comportamento, e una identità più profonda, non delineata e nemmeno conosciuta da lui stesso [quella che rimane al fondo]» (Dell'Antonio, 1986, p. 40).

Le difficoltà dello sviluppo affettivo e sociale

Tutti noi pensiamo a un bambino vissuto in istituto come a un essere umano che non ha avuto dei genitori che lo curassero e lo amassero: di solito ha avuto una serie, più o meno numerosa, di "tate" che, anche in un'istituzione particolarmente adeguata, non assicurano mai l'esclusività del rapporto che si svolge in famiglia.

Chi si è preso la briga di contare, per esempio, i contatti con gli adulti che ha avuto un bambino istituzionalizzato nel corso di una settimana in una struttura italiana, anche molto efficiente, e li ha confrontati con quelli che hanno i bambini della stessa età in famiglia, ha notato nel primo caso non solo un numero molto maggiore di adulti coinvolti, ma la frammentarietà di queste relazioni. In famiglia un bambino può essere affidato, oltre che ai genitori, ai nonni, alla baby-sitter, alla vicina o al nido, ma ci sarà sempre una figura centrale, di solito la mamma, che costituisce un punto privilegiato di riferimento e che lo sarà con molta più continuità di quella assicurata da chi si occupa dei bambini in maniera professionale. Ci sarà sempre una persona per cui lui è assolutamente speciale.

L'organizzazione di un istituto deve invece assicurare una equità, in questo caso spietata: tutti i bambini sono uguali, tutti gli adulti sono uguali. Ciò non permette al bambino di vedersi rispecchiato in uno sguardo "speciale". L'idea di relazione che ne deriva è quindi necessariamente poco profonda e poco favorevole al sentirsi un individuo, un individuo speciale per qualcuno.

Dell'eccessiva socievolezza per cui i bambini istituzionalizzati, anche piccoli, si fidano di tutti e non protestano quando vengono presi in braccio da persone diverse, come fanno invece spesso i bambini allevati dalla mamma, è quindi responsabile in primo luogo la mancata costituzione di un rapporto esclusivo con un adulto. Tutti vanno più o meno bene e sono sullo stesso piano. Il rapporto, definito attaccamento, che lega il bambino e chi si prende cura di lui, in questo caso non si è creato.

Le discussioni tra i ricercatori riguardano cosa succede in mancanza della costituzione di tale legame, che sembra sia istintivo e indispensabile per tutti i bambini. Si può pensare che chi è cresciuto in istituto sperimenti una sorta di sospensione del legame di attaccamento per la mancanza di un partner e quando finalmente abbia a disposizione un adulto entusiasta e dedito al suo benessere riesca con facilità a intrecciare quella rete di sostegno necessaria per la propria crescita.

La questione, sulla quale non mi risulta che ci sia né chiarezza né un giudizio definitivo, è quanto sia dannosa questa condizione di sospensione e quanto a lungo possa essere posposta la costituzione di tale legame.

Per i neonati che crescono in una famiglia normale il processo parte alla nascita e ha una svolta decisiva intorno ai 6-8 mesi, momento in cui il bambino identifica una sola persona alla quale rivolgersi in cerca di sicurezza. Quello che normalmente avviene in questo momento, con un adulto attento alle sue esigenze, costituisce la premessa per lo sviluppo successivo del bambino, durante il quale egli sarà abbastanza sicuro della sua base affettiva per potere esplorare il mondo.

E per il bambino cresciuto in istituto? Secondo alcuni psicologi, come Rudolph Schaffer che ha fatto diverse ricerche su questo argomento, il limite di età per la costituzione di un legame che, lo ricordiamo, normalmente dovrebbe instaurarsi nel primo anno di vita, sono i 5-6 anni. Solo entro questa età si può sperare che tale legame si costituisca senza eccessivi danni per il piccolo. Maggiore unanimità c'è sul fatto che questo legame si costituisca, anche se tortuoso, cioè segnato da sfiducia e timori, una volta che il bambino abbia trovato un partner affettuoso.

Ricerche fatte da Kim Chisholm negli anni Novanta su un gruppo di piccoli rumeni adottati nel Regno Unito prima che avessero due anni hanno mostrato che questi bambini, che pure avevano avuto esperienze di vera deprivazione affettiva negli istituti di provenienza, erano stati capaci di costituire legami affettivi con i genitori adottivi. L'idea di fondo è quindi che il legame si instaura, ma quanto prima inizia la nuova relazione riparativa, tanto meglio è.

In una ricerca svolta in Italia (Fava Vizziello et al., 1999) si sono confrontate le caratteristiche del legame di attaccamento di 11 genitori biologici e dei loro figli con quelle di 11 genitori adottivi e dei loro figli. In tutti i casi indagati non si sono riscontrate differenze significative. Questo vuol dire che l'attaccamento può essere altrettanto sicuro in caso di figli biologici quanto in quello di figli adottivi.

Rimane comunque vero che la condizione meno drammatica è quella in cui un bambino abbia, almeno per breve tempo, beneficiato delle cure amorose di un adulto – madre, padre, nonni –, anche se poi questa relazione si è interrotta. Infatti, la relazione affettiva con l'adulto è necessaria per costruire se stessi: essere amati vuol dire farsi un'idea di sé come persone amabili, cioè degne di essere amate e, quindi, un bambino che ha avuto questa esperienza è più robusto interiormente di chi non l'ha mai sperimentata.

D'altro canto, va tenuto presente che, se la relazione con la famiglia di origine si è prolungata, il bambino vivrà sempre con una certa pena il conciliare la lealtà verso i genitori biologici e quella nei confronti della nuova famiglia, alla quale toccherà un lavoro di " ricucitura " più delicato.

Come sempre quando si parla di sviluppo, la prognosi varia a seconda del momento in cui lo strappo con la famiglia originaria si è verificato: alla nascita, quando ancora non c'è legame, dopo i primi due anni di vita, quando il legame si è costituito, o successivamente, quando potranno esserci anche ricordi, più o meno buoni, ma sicuramente ci sarà una consapevolezza dell'esistenza di qualcuno che è poi diventato irraggiungibile.

Dal punto di vista della ricerca scientifica non mi risulta che ci siano delle risposte chiare su tutto questo ventaglio di ipotesi alternative.

Tornando alla questione della vita sociale dell'istituto, vorrei riflettere ora su altri personaggi significativi nella vita di questi bambini: i compagni. I bambini passano i loro primi anni di vita immersi in un gruppo di coetanei, una condizione molto diversa da quella che si verifica anche in una famiglia numerosa, perché per definizione i fratelli hanno età diverse. I gruppi organizzati di bambini, e questo dipenderà da quanto è grande l'istituto e da quanto la sua vita è regolata da norme rigide, possono invece prevedere una gruppo di assoluti "pari". Questa situazione offre meno opportunità della vita con i fratelli perché è soprattutto grazie a una certa differenza di età con i propri interlocutori che si impara a negoziare, a trattare per mettersi d'accordo su un'attività, per ottenere un gioco o un aiuto. La situazione è più simile a quella di un nido o di una scuola dell'infanzia, nella quale la trattativa avviene su un piano di assoluta parità, cosicché spesso sono più le soluzioni di forza, piuttosto che le trattative verbali, a permettere al bambino di ricavarsi un ruolo e dei diritti nel gruppetto dei coetanei. Vivere con pari età può quindi essere poco stimolante da un punto di vista sociale e per lo sviluppo delle capacità cognitive di negoziazione.

Questi compagni, inoltre, sono su un piano di assoluta parità rispetto all'adulto che se ne prende cura. Perché l'istituzione funzioni, non ci devono essere favoritismi, mentre sentirsi "speciali" per qualcuno, lo si è detto, è il sale dello sviluppo della propria individualità. La vita istituzionale sembra quindi responsabile di alcune difficoltà tipiche dei bambini che vi crescono per quanto riguarda lo sviluppo dell'identità, cioè il capire chi si è e cosa si vuole. A un bambino istituzionalizzato mancano alcuni "specchi" nei quali riflettersi per riconoscersi: non ha gli occhi di un adulto che rimandano un'immagine amata, ma non ha neanche compagni diversi da lui che possano farlo sentire più grande o più piccolo, più bello o meno bello.

A mio avviso manca anche lo spazio materiale in cui stare soli ogni tanto a pensare. Da ciò, come detto, deriva quella socievolezza superficiale che tanto spesso caratterizza questi bambini e le conseguenti difficoltà nel momento in cui tutti mettiamo a punto la nostra identità: l'adolescenza. Su questo argomento torneremo più avanti.

Le problematiche dello sviluppo cognitivo-linguistico

Nel tentativo di riflettere sul mondo mentale di un bambino cresciuto in un istituto perché questo ci aiuti, da un lato, a immaginare cosa può avere provato, dall'altro, a costruire per lui dei percorsi di crescita che compensino queste premesse, cerchiamo di pensare cosa avviene nell'ambito del suo sviluppo cognitivo. I bambini cresciuti in istituto vivono in un mondo sempre uguale a se stesso.

È possibile che nella loro vita ci sia stato un cambiamento, il passaggio dalla vita familiare a quella istituzionale, o da un istituto per bambini piccoli a uno per bambini più grandicelli, ma questi non sono certo dei mutamenti interessanti, piuttosto dei dolorosi traumi che hanno dovuto affrontare da soli, senza sostegno. Pensiamo invece a quanto è ricca e stimolante la vita familiare: i bambini, anche i più piccoli assistono alle conversazioni degli adulti, che commentano, raccontano, discutono quello che avviene nella famiglia e nel mondo esterno. La vita familiare è animata dalle visite di parenti e amici che portano in casa nuovi mondi, visite che vengono commentate e ricordate. Si esce per commissioni e si sa come fare per acquistare qualcosa in un negozio, si vede che le cose necessarie vengono pagate. Si va al ristorante e si impara velocemente la "procedura" che si segue in queste situazioni; si prende l'autobus o il treno. La conoscenza di queste azioni dà sicurezza, permette di formulare delle aspettative, organizza la percezione del tempo. Qualche volta si fanno gite, piccoli viaggi, visite più o meno prolungate alle case di parenti e amici. Un elemento fondamentale della vita dei bambini è il ricordo comune alla famiglia di cose fatte insieme, la narrazione che i genitori fanno di quello che è stato vissuto.

I ricordi dei bambini istituzionalizzati, soprattutto quelli remoti, non sono passati dalla restituzione di adulti che glieli hanno tenuti vivi, non sono state trovate le parole per farglieli diventare via via sensati, i loro ricordi sono solo loro. Questo spiega il fatto che i ricordi dei bambini adottati siano così scarsi, anche se ciò non significa automaticamente che tali ricordi sarebbero stati angosciosi e che per questo siano stati cancellati. Si può trattare semplicemente di esperienze non risvegliate dal contatto con gli adulti, che per questo motivo non sono ricordate.

La presenza dei fratelli, con i loro diversi mondi scolastici e di amicizie, è un ulteriore fattore di vita stimolante, diversa, che in condizioni familiari normali viene sperimentata dai bambini. In istituto, come dicevamo, ci sono solo dei compagni di percorso con cui si ha tutto in comune, ma che sono altrettanto poco capaci di capire cosa sta succedendo.

L'inadeguatezza del mondo cognitivo di questi bambini viene spesso messa in ombra dalla nostra percezione della drammaticità delle carenze affettive che pensiamo abbiano provato. Capire fino in fondo la diversità del panorama cognitivo può invece essere d'aiuto per raffigurarci e poi per capire e sostenere le difficoltà, per esempio scolastiche, di questi bambini.

Sempre a proposito di quello che si impara scuola, cioè a leggere e a scrivere, pensiamo come nella casa anche culturalmente più modesta entrino giornali, libri, si scriva un biglietto, si leggano insieme le insegne dei negozi. La lettura comune di libri è una pratica frequente nelle famiglie borghesi ed è stata valorizzata come un'esperienza che permette ai bambini di scoprire che cosa bella e interessante siano i libri. Queste situazioni preparano i futuri lettori. È difficile immaginare un istituto che possa assicurare tali attenzioni ai numerosi piccoli ospiti.

Nella maggior parte dei casi, il bambino cresciuto in istituto non ha avuto contatti con la cultura e, come per lo sviluppo affettivo, si cercherà di proporglieli al meglio dopo, sia in casa che a scuola, ma di nuovo si farà "fuori tempo" qualcosa che è progressivo e precocissimo nella vita di tutti gli altri. Queste esperienze che il bambino farà finalmente nella vita con la famiglia adottiva saranno estremamente concentrate nel tempo e in un momento diverso rispetto a quello "normale".

Un aspetto particolare dello sviluppo cognitivo è lo sviluppo linguistico che, in una situazione di istituzionalizzazione, risente indubbiamente della *mancanza di occasioni per comunicare*. Anche qui viene spontaneo pensare a quanti racconti, osservazioni, si svolgono nei dialoghi della normale vita familiare.

La competenza linguistica è comunque una dimensione innata nell'essere umano e quindi anche in condizioni di relativa deprivazione i bambini imparano correttamente la lingua. Sarà comunque un linguaggio limitato, molto concentrato sugli aspetti concreti dell'esistenza. Nella vita casalinga non si discetta certo di filosofia con un bambino piccolo, ma spesso si parla delle emozioni, delle proprie e di quelle del bambino: " Sei arrabbiato?", "Oggi mi sento triste". Parlare è uno strumento per pensare e i bambini capiscono, parlandone, molte cose immateriali o non immediatamente presenti.

Attraverso i termini che definiscono un insieme, come per esempio la parola "animale" che comprende elementi diversissimi, dal cagnolino all'elefante, si gettano le basi dell'organizzazione del pensiero tramite strutture astratte come i concetti. Quante volte ci sarà stato qualche adulto che, nella mancanza di tempo e di occasioni della vita comunitaria, si sarà dedicato a fornire questi stimoli?

La conoscenza della lingua è quindi modesta in un bambino che ha fatto vita di istituto o che è cresciuto in una famiglia segnata da difficoltà e problemi dove, per esempio, non c'era il tempo di raccontargli le favole. Questo fa sì che il bambino straniero che arriva in Italia abbia sì una conoscenza della propria lingua madre, ma comunque spesso limitata, un fattore che può nuocere anche all'acquisizione della sua nuova lingua.

Una lingua è caratterizzata non solo dai vocaboli e dalla grammatica, ma da specifiche strutture. Si può quindi presumere che il bambino arrivi dal suo Paese di origine con un bagaglio linguistico non solo limitato, ma anche relativamente poco elaborato. Per i bambini che hanno già iniziato il percorso scolastico è probabile che queste considerazioni valgano lo stesso, cioè che il suo ambiente di origine poco stimolante lo abbia reso un parlante poco esperto.

Comunque arriverà in Italia con una forte impronta sulla sua attività cognitiva, legata alle caratteristiche della lingua che ha appreso. In altre parole, pensiero e linguaggio sono così strettamente uniti che il suo pensiero sarà quello di un parlante indiano o sudamericano o thailandese…

Di tutto questo il sistema scolastico italiano risulta, nelle esperienze più recenti e valide, consapevole, capace di cogliere il fatto che apprendere una nuova lingua non è solo un lavoro di traduzione, ma prevede una riorganizzazione più ampia del linguaggio e del pensiero.

A questo punto però, finalmente un dato consolante: la velocità con la quale i bambini, indipendentemente dall'età, anche se sono alle soglie dell'adolescenza, apprendono la nuova lingua. È un fenomeno commovente e straordinario: bastano pochi mesi per sentire un piccolo straniero che parla perfettamente italiano, con solo qualche lontana eco nella pronuncia della sua lingua di origine. Non sono necessari corsi o insegnamenti sistematici, i genitori possono benissimo fare tutto parlando di quanto avviene nella vita quotidiana.

Questo tuttavia è vero per quanto riguarda la lingua che serve per giocare, per svolgere le attività della vita quotidiana, vedremo invece che lo è meno a proposito della lingua necessaria per l'apprendimento scolastico.

Se il periodo che intercorre tra l'arrivo del bambino in Italia e il suo inserimento nella scuola è molto breve potrebbe essere utile ricorrere a una *consultazione glottodidattica* (Gaia Pieraccioni, comunicazione personale) che valuti le competenze del bambino e cerchi di fornire ai genitori strumenti per "mettere in pari" il figlio, facilitandogli l'apprendimento delle abilità linguistiche necessarie per potere affrontare il percorso scolastico.

Sempre per quanto riguarda la conoscenza della lingua ho comunque provato a immaginare come la sensazione di non parlare la lingua del luogo possa essere drammatica per un bambino, nel momento in cui mette piede in Italia e sente che tutti parlano tra loro in maniera per lui incomprensibile. Mi sembra che sia un momento delicato in cui vale la pena stringere tra le braccia il piccolo ospite, per fargli sentire un linguaggio corporeo universale.

Un problema ulteriore potrebbe porsi nel caso in cui i genitori decidessero di conservargli la lingua di origine. La nuova lingua infatti tende a cancellare completamente quella precedente se quest'ultima non è sufficientemente consolidata. Optando per la conservazione della lingua originaria, è davvero necessario uno sforzo particolare oltre che un intervento qualificato. Essere bilingui non è solo una risorsa per un futuro lavoro, ma soprattutto è una ricchezza dal punto di vista cognitivo. Vuol dire disporre di due diverse strutture che sostengono il pensiero.

Non mi risulta ci siano ricerche che valutino se questo sforzo di conservazione della lingua materna sia giusto o eccessivo, nel momento in cui il bambino deve scoprire le infinite novità del Paese che lo adotta.

Potrebbe invece essere utile che il genitore apprendesse la lingua del bambino per costruire insieme questo ponte linguistico così necessario anche per il futuro scolastico del figlio.

L'analfabetismo emotivo

Le emozioni sembrerebbero cose spontanee, che non si insegnano, invece hanno bisogno di "essere accompagnate". I bambini piccoli hanno necessità che le loro bizze, i loro pianti siano accolti da una persona che glieli restituisca, glieli spieghi, dando loro, per esempio, un nome. I nomi delle emozioni non sono solo etichette verbali, sono modi per pensarle e riconoscerle. Certo mi riferisco a conversazioni "calde", non certo a fredde definizioni. I bambini istituzionalizzati non hanno interpreti delle loro emozioni, non apprendono le parole necessarie per descriversele e riconoscerle e quindi soffrono di una carenza che si situa a mezza strada tra gli affetti e la conoscenza. Una volta divenuti adulti, sarà difficile, se questa carenza non è stata colmata, che questi ragazzi riescano a capire se stessi. Nell'adolescenza l'analfabetismo emotivo dei bambini istituzionalizzati potrà riemergere. Interrogato sul perché di azioni bizzarre o proibite, il ragazzo non avrà le parole per spiegarle.

Il rapporto con il proprio corpo

I bambini istituzionalizzati non hanno un contatto corporeo stretto e frequente con chi si prende cura di loro. Distrattamente lavati e cambiati, ricevono poche carezze.

Si pensa sempre alle carezze come tramite per l'affetto nei confronti della persona, ma lo sono anche nei confronti del corpo. Il corpo accarezzato viene vissuto come piacevole e, di nuovo, amabile, da chi lo possiede. I bambini che hanno avuto un periodo anche breve di vita familiare possono avere tesaurizzato questa esperienza, ma non quelli precocemente istituzionalizzati. Se poi vengono in contatto con le carezze dei genitori adottivi quando sono già grandicelli, questo apprendistato alla tenerezza, nelle forme più dirette e primitive, rimarrà inevitabilmente precluso: non si può fare il bagnetto a un bambino di 5 anni come lo si fa a un neonato, questa esperienza è persa per il bambino, ma anche per il genitore, che potrà sentire anche in seguito la mancanza di confidenza verso il corpo del figlio.

Se si pensa poi a un corpo con una pelle e tratti diversi, lontani da quelli del genitore, si può capire come la dimensione corporea risulti molto facilmente problematica per gli adottati.

Il soggiorno nel Paese ospitante

Non sempre i genitori possono tornare in Italia con la celerità che vorrebbero: ci sono lungaggini burocratiche, più o meno esasperanti, che spesso costringono a porre le prime basi del rapporto in un ambiente sconosciuto. Questo ulteriore tempo dell'attesa andrebbe al solito valorizzato e vissuto in termini positivi come un'occasione di conoscere la cultura di provenienza del bambino. Non dico quindi di fare i turisti nel senso più bieco del termine, ma di visitare il Paese, cercando di conoscere, capire, scoprire il più possibile. Qualche volta questa esperienza viene vissuta con il bambino stesso, in attesa per esempio del visto di ingresso in

Italia, qualche volta viene illuminata da periodiche visite all'istituto, ma anche funestata dal fatto di dover riportare il bambino ormai "nostro" in istituto. Questa ultima situazione, per quanto dolorosa per i genitori, è sicuramente quella che giova di più al bambino che può così conoscere prima le persone alle quali verrà affidato.

Tutti noi abbiamo chiaro il fatto che stare in albergo con un bambino di pochi anni è un'operazione piuttosto complicata, e i giardini pubblici non sono sempre disponibili o adeguati; quindi il luogo degli incontri difficilmente sarà ideale. Può quindi essere opportuno portare dei giocattoli, non solo per sedurre il piccolo, ma anche per impiegare bene il tempo da trascorrere insieme.

Compito degli enti che seguono all'estero le adozioni dovrebbe essere proprio il sostegno a questo periodo di primo contatto con il figlio, che oltretutto avviene fuori casa, lontani da parenti e amici. Di solito, però, l'aiuto è limitato agli aspetti pratici e burocratici.

Parte terza

Il “dopo”

Una nuova vita

Arrivare a casa

Sia che il bambino sia stato adottato con l'adozione nazionale sia con quella internazionale c'è un altro momento di grande emozione: mettere piede in casa per la prima volta tutti insieme.

Anche quando un bambino partorito viene portato a casa, dall'ospedale, i genitori avvertono in quel momento, per la prima volta, che è davvero loro, sotto la loro completa responsabilità e che la vita casalinga ne verrà rivoluzionata. Qualche volta può capitare che venga presentato agli animali di casa, che possono essere mortalmente gelosi!

Questa esperienza è particolarmente sentita dai genitori che raggiungono finalmente la propria casa dopo aver prelevato i piccoli nel loro Paese di origine.

Invece, come è emerso da numerose interviste fatte quando erano ormai cresciuti e ricostruivano i loro primi ricordi con i genitori, i bambini che (come accadeva in passato) erano stati portati in Italia da intermediari e consegnati poi ai genitori, rivivevano l'aeroporto come il luogo del "parto" e l'aereo veniva descritto come una pancia che aveva prodotto questa nuova nascita.

A questo punto, soprattutto per la coppia adottante, le fila della storia si sono ricomposte: si sentono finalmente al sicuro, circondati dalla rete delle persone care che li sostengono.

In realtà è previsto un anno di affidamento preadottivo, concluso il quale, se nulla osta, il bambino viene dichiarato a tutti gli effetti figlio della coppia.

Quando inizia la vita quotidiana possono però esserci problemi.

Molti lamentano il fatto che la disponibilità dei servizi sembra maggiore nelle fasi prepartorie all'adozione che nel supporto durante le eventuali difficoltà di percorso. Su questo piano, almeno attualmente, le associazioni tra genitori o alcuni degli enti che curano le adozioni sono più presenti, offrendo consigli e sostegno.

Qualche difficoltà può manifestarsi in relazione alle abitudini del bambino: pensate ai casi, oggi comunque sempre più rari, di bambini di strada che hanno avuto solo un breve periodo in istituto e che si sono trovati di colpo inseriti nei ritmi della vita di famiglia.

Più in generale, il fatto che il figlio abbia avuto un percorso di crescita tormentato giustifica e spiega molti comportamenti imprevisti e forse non voluti: spesso non è un tesorino che ti salta tra le braccia, al contrario può essere schivo o ostile.

Nel periodo iniziale, il bambino può essere aggressivo, lagnoso, reiterare le richieste di aiuto o le comunicazioni di tipo disfunzionale che ha sviluppato nella situazione di vita precedente.

Le belle manifestazioni di affetto e gratitudine che il genitore vorrebbe, anche per essere lui stesso rassicurato sulle sue capacità genitoriali, possono tardare a manifestarsi: la pazienza è davvero la virtù dei forti e quindi è l'arma vincente del genitore adottivo, che spesso si rende conto di quanto lo sviluppo del suo bambino sia atipico, particolare e, soprattutto, lento.

Non si può incorrere nell'errore di sottrarre all'età del bambino gli anni di vita precedenti al tempo trascorso nella famiglia adottiva, perché questo vorrebbe dire negare che ci siano state esperienze; allo stesso tempo, però, si deve accettare che lo sviluppo possa seguire percorsi diversi, tortuosi e che questo porti ad aspetti particolari e disfunzionali come anche a ritardi in certe conquiste.

Sto pensando per esempio al *controllo degli sfinteri* per un bambino di 2 o 3 anni, che può regredire fino all'incontinenza, alla capacità di *accettare sapori nuovi*, già di per sé infrequente nei bambini, ma che può rendere i bambini stranieri appena arrivati in Italia molto difficili e diffidenti nei confronti del cibo.

Anche la capacità di *dormire da soli*, che è richiesta nella nostra cultura, non è scontata in altre, fino a un'età che a noi sembra veneranda: bambini di 5 o 6 anni lasciano per la prima volta il letto della mamma solo perché ne sono scacciati dall'arrivo di un nuovo fratellino che prende il loro posto.

Il bambino istituzionalizzato sicuramente non ha mai dormito da solo e la cosa lo spaventa, mentre noi lo vorremmo soddisfatto, nella sua cameretta adorna di peluche, ma priva di presenze umane.

Qualche volta si tratta di confrontarsi con abitudini diverse dalle nostre, come illustra un caso splendido, citato da Enrico Forni ed Elena Gandolfi Negrini (1989) di una mamma adottiva italiana che è stata disposta a portare per cinque mesi sulle spalle la propria bambina coreana, adottata a 6 anni di età, per farle recuperare questa esperienza che, essenziale nella sua cultura, purtroppo le era mancata.

Dobbiamo quindi confrontarci con uno *sviluppo più lento*, qualche volta *diverso* da quello degli altri bambini e quindi misurarci con la nostra capacità di accettare la diversità.

Alcuni parlano proprio in termini di "contatto tra estranei", che richiede un adattamento reciproco.

Ponendo invece la cosa in termini più positivi, parlerei di una vicenda nella quale si deve sviluppare appunto una fase di "progressivo innamoramento": il bambino non può essere amato nella sua individualità, per come è proprio lui, se non nella misura in cui lo conosco e lo apprezzo; lo stesso vale per lui, che deve imparare a conoscerci.

Alcuni parlano di costituzione di un "patto adottivo", che comporta la convinzione da parte del figlio di volere i genitori che gli sono capitati e viceversa. In questo senso l'immagine dell'innamoramento funziona, ci deve essere proprio quel piacersi reciproco che sostiene la relazione amorosa.

Tutto ciò non è molto diverso da quello che, secondo il celebre psichiatra e psicoanalista John Bowlby, accompagna il costituirsi di una buona relazione di attaccamento tra il bambino e chi si occupa di lui, solitamente la madre. Bowlby infatti sostiene che perché l'attaccamento si stabilisca e lo sviluppo del bambino sia ottimale, è necessario che l'adulto sia *fond of* (cioè "entusiasta", "preso") del piccolo. Anche nelle relazioni genitore-figlio si può pensare che valga l'affermazione dantesca «amor ch'a nullo amato amar perdona...», che è stata pensata per il legame amoroso tra due adulti. Un rapporto funziona se ognuno dei partner ci mette tutto se stesso.

Questo vale anche per il rapporto genitore-figlio: relazioni infelici rimandano a riserve da parte di uno dei due partner. E queste riserve possono venire sia dall'adulto, sia, nel caso del figlio adottivo un po' grandicello, dal bambino. In alcuni casi particolari, infatti, il ragazzo può vivere il legame con i genitori adottivi come un tradimento rispetto ad altri adulti – padre, madre, fratelli, nonni – che, più o meno faticosamente, lo hanno accompagnato fino ad allora. Questa è una delle ulteriori difficoltà che derivano dall'adottare un bambino cresciuto.

Il percorso di scoperta reciproca esiste anche nella filiazione biologica: l'attaccamento alla madre si sviluppa nel corso del tempo e la madre scopre pian piano il suo piccolo. La filiazione biologica è però sostenuta dal senso di continuità tra le generazioni e dall'adeguatezza dei tempi nei quali si dispiega. L'adozione, se non è quella di un neonato, realizza questo percorso fuori tempo, e scopre interlocutori che si sentono tra loro diversi.

Pensando in termini un po' polemici a quello che avviene nella genitorialità biologica, riflettiamo su quanto questa continuità, assicurata dal legame di sangue, possa presentare degli inconvenienti. In Toscana si dice: "t'ho fatto e ti disfo", truce, anche se spesso scherzosa, minaccia che la madre rivolge al figlio che si comporta male. In generale il genitore è portato a pensare al figlio come a una sua completa proprietà, ma anche responsabilità: "sei così perché ti ho fatto io (mi somigli) e perché io ti ho nutrito e allevato".

Confrontarsi con un bambino adottato induce inevitabilmente a un atteggiamento di maggior "rispetto". Rispetto per la sua diversità, per la sua vicenda, nella quale a un certo punto ci siamo inseriti. Questo non esonera dall'obbligo di fare del proprio meglio, ma assicura un coinvolgimento, direi meno intollerante di quello costruito sulla rigida base delle proprie idee e aspettative.

Va comunque sottolineato che i genitori adottivi, consapevoli che sono state le loro scelte a modificare in maniera decisiva la vita del figlio, si sentono mediamente più "responsabili" verso di lui dei genitori biologici.

Il coinvolgimento richiesto è come sempre una questione di giusta distanza, come viene sottolineato dagli psicoanalisti, e non solo in riferimento alla filiazione adottiva: il genitore non deve aspettare troppo passivamente dal figlio conferme del suo ruolo genitoriale. In altre parole non è il comportamento affettuoso o comunque adeguato del figlio che deve dare sicurezza al genitore nel suo esercitare la funzione genitoriale, sia negli aspetti protettivi sia in quelli repressivi che comporta.

Il genitore deve essere sufficientemente adulto da non dipendere dalla risposta immediata del bambino. Questo non vuol dire che debba avere la convinzione rigida e dogmatica di fare tutto bene, deve però sentirsi sufficientemente sicuro da non dover tentare di "sedurre" il figlio per essere da lui accettato ed essere in grado di coglierne con attenzione le richieste e i bisogni, distinguendoli dai propri.

Una reciproca scoperta e regolazione

La scoperta e la regolazione riguardano il conoscersi, capirsi e adattarsi all'altro. Il percorso adottivo è un percorso collettivo, nel quale anche il bambino svolge la sua parte, compatibilmente con gli strumenti affettivi e cognitivi dei quali dispone. Soprattutto nel primo periodo è possibile che appaiano con più frequenza nel genitore i fantasmi della *riparazione* (v. parte prima), cioè la tendenza a cercare di compensare in maniera intensa le carenze del periodo precedente.

Ci sono alcuni ambiti d'elezione per gli scrupoli genitoriali legati al fatto di voler riparare le sofferenze che il bambino ha patito in passato: il cibo, di ottima qualità e tanto, per compensare quello scarso e cattivo del passato, la presenza (cioè la compagnia del genitore), per compensare la precedente solitudine, la mancanza di punizioni o rimproveri, per compensare quella che si pensa sia stata una vita piena di regole non mediate dall'amore.

Questa posizione non rende, né dal punto di vista del bambino, che deve sperimentare gli opportuni limiti e modeste privazioni imposti in maniera ragionevole, né dal punto di vista del genitore, che non deve immolarsi più di un qualsiasi altro genitore biologico.

In questo patteggiamento sulle regole della vita casalinga è necessario tener conto, se il bambino non è tanto piccolo ed è vissuto fuori da un istituto, che è assai probabile che "prima" abbia goduto di grande libertà, frutto certo di trascuratezza da parte di chi doveva prendersi cura di lui. Comunque non era abituato a tornare a casa a orari definiti, a dire dove andava ecc. Tutto ciò è invece normale e indispensabile per un genitore nella nostra cultura e quindi progressivamente deve diventare prassi quotidiana.

Gli psicologi hanno addirittura creato un termine, *monitoring* per definire l'antica pratica del controllo.

Diversamente dalle aspettative libertarie del Sessantotto è

emerso che, soprattutto nell'adolescenza, tanto i rapporti tra le generazioni, quanto lo sviluppo dei figli, beneficiano di un regime di attento controllo.

I genitori hanno quindi il diritto e il dovere di vegliare sulle amicizie dei figli, sulle loro uscite, sui loro orari. Libertà innocue, come l'abbigliamento raccapricciante o le pettinature che mortificano il "bel visetto", possono invece essere tranquillamente gestite autonomamente dal figlio.

In termini più ampi l'adattamento rispetto al nuovo "ospite" riguarda proprio la gestione della diversità che può essere trattata con modalità che vanno dal *completo assorbimento* al *rifiuto*.

Le due soluzioni antitetiche con le quali la famiglia cerca di assimilare l'elemento nuovo sono entrambe sbagliate: come è ovvio la politica migliore è quella intermedia, che consiste nell'adattarsi in maniera creativa all'idea che questi sia diverso.

Quando si persegue la politica dell'assorbimento si alimenta il mito che il bambino sia esattamente come il genitore lo voleva e lo immaginava; inevitabilmente non può esserlo se non a rischio di uno snaturamento della propria identità. Ci sono casi clinici di bambini che hanno cercato di assecondare questa richiesta il più a lungo possibile, ma in seguito ci sono state forme di ribellione e di legittima protesta.

Se si parte invece dal sottolineare la diversità da noi constatando che come persona, come etnia, come carattere, qualche volta come sesso (è un maschio ma in realtà avremmo preferito una femmina), non corrisponde alle nostre aspettative, la soluzione è il rifiuto da parte dei genitori, l'espulsione del corpo estraneo.

La soluzione intermedia è quella dell'*accettazione delle differenze*, che esistono e vanno rispettate, e della contemporanea scoperta di aspetti del carattere, abitudini, interessi in comune con i genitori. Si cerca una somiglianza che non è quella della forma del naso del papà, faticosamente identificata dalle famiglie biologiche nel visino minuscolo del neonato, ma è, per esempio, l'accettazione della pigrizia, "come il babbo", o della golosità "proprio come la mamma".

Le conversazioni su se stessi, le proprie emozioni, il proprio passato sono degli ottimi fili da annodare tra i membri della famiglia, tutti, compresi i genitori stessi.

Oltre che il più ovvio rispetto per l'altro, anche se piccolo, si raccomanda la *curiosità*, osservare con benevolo interesse le reazioni, il modo di porsi del piccolo ospite, non diventato ancora nostro figlio con quella compiuta filiazione psicologica che richiede un po' di tempo.

Il bambino non è nato nel momento nel quale lo abbiamo conosciuto, il suo passato non è un non tempo.

In un contributo che si intitola *Genitori di bambini adottati: una sfida per costruire il nuovo romanzo familiare ovvero una storia familiare condivisa*, di Donatella Guidi e Maria Nadia Tosi (1996), come risulta dal titolo stesso, è ben descritta la costruzione del "romanzo familiare", secondo la definizione di Freud.

Bambino e genitori devono costruire la loro storia con le sue tappe: dal desiderio della coppia di avere un figlio alla «presenza nel mondo di bambini, figli di persone che non sono diventate, o non sono più, loro genitori», il viaggio, l'incontro, le emozioni, «il riconoscimento del bambino che non poteva essere che così, anche se lo avessero fatto i genitori adottivi (per i bambini di colore si terrà presente che il "luogo del desiderio", il cuore, non colora)». Con ciò si fa riferimento al fatto che anche al bambino con la pelle di colore diverso deve essere spiegato, con parole semplici, perché lui è di quel colore, per l'eredità dei suoi genitori naturali e che questo non influisce sull'essere figlio del cuore dei genitori adottivi.

Ho presente il racconto di una mamma che sorprese la figlia di 3-4 anni, indiana, di carnagione molto scura, a ricoprirsi il volto di borotalco per cercare di diventare bianca. Per un bambino di quell'età non è infatti così scontato che caratteristiche come il colore della pelle, la forma degli occhi ecc. siano immutabili. Bisogna aspettare gli 8 anni circa perché si sviluppi quella che si definisce la *consapevolezza etnica*, cioè la coscienza della stabile e intrinseca diversità tra le varie etnie, che fa seguito alla consapevolezza di quale sia la propria. Tutto ciò va chiarito e "narrato", cioè reso esplicito, nei momenti opportuni, come per esempio quello appena citato, che mostra proprio che la bambina cominciava a riflettere sulla questione.

Alcuni studi hanno inteso valutare se i bambini di colore adottati che vivono in una famiglia di bianchi godano di un'autostima maggiore o minore di quelli che stanno in una famiglia che ha la pelle come la loro. La ricerca è in realtà vecchiotta, del 1983 (McRoy e Zurcher), e riguarda l'ambiente statunitense, ma contiene un'indicazione preziosa per il problema dell'identità etnica: giova all'autostima dei bambini di colore il fatto che la famiglia frequenti persone dello loro stesso colore.

In termini più ampi si può pensare che frequentare persone che provengono dal Paese d'origine del bambino sia un esperienza rassicurante legittimante, da incoraggiare.

Il padre

In questa "nuova vita" vale la pena dedicare un piccolo, ulteriore spazio di riflessione alla figura paterna. Come accennavamo, la condizione di essere genitori adottivi mette i padri su un piano di maggiore equità con le madri di quanto lo siano i padri biologici.

Nella gravidanza è la madre a sentire per prima i movimenti del piccolo, mentre il padre si rende conto davvero del nuovo essere, di solito, quando la gravidanza della compagna è in fase più avanzata.

Entrambi i genitori adottivi, invece, partono dallo stesso punto, ovviamente con la propria sensibilità e personalità. Al padre adottivo spetta comunque un compito un po' particolare.

Nel passato del bambino è probabile che, soprattutto se è stato istituzionalizzato, uomini non ve ne siano stati. Le professioni di aiuto sono, ovunque, privilegio delle donne. Invece, se il bambino ha vissuto fuori da un'istituzione ci potrebbe essere stato un padre che non riusciva, da solo, ad assicurare il benessere del bambino, proprio perché mancava la mamma; ma di solito sono le figure femminili, per esempio una nonna, che seguono, ovunque nel mondo, la crescita dei bambini.

La situazione relativamente più frequente è quella di madri sole, spesso molto giovani, che hanno dovuto rinunziare al bambino proprio perché non ce la facevano, anche solo per motivi economici.

È probabile quindi che i padri siano i grandi assenti nel passato del piccolo e devono essere scoperti, come ruolo genitoriale (cosa fa un padre di diverso da quello che fa una mamma?), ma anche come ruolo sessuale. Soprattutto per un maschietto, il padre è avvertito come il simile a sé al quale si deve conformare: per il bambino adottato, spesso si tratta di un modello del tutto nuovo. Questo, se il bambino non è proprio un infante (ha cioè più di un anno), conferisce al padre uno spazio molto ampio che egli deve occupare con convinzione. Il lusso di fare il padre assente, come talvolta capita nelle situazioni "normali", non può permetterselo.

Può forse stupire il fatto che il compito di porsi come modello di *identificazione sessuale* si ponga così presto. In realtà è emerso che bambini di poco più di un anno capiscono già cosa è "da maschi" e cosa è "da femmine". A questa età possono essere facilmente ingannati nel riconoscere maschi e femmine per la lunghezza dei capelli o per i vestiti, ma in condizioni normali giudicano correttamente.

Dalle ricerche risulta proprio che i ragazzi adottati, di solito, hanno nel corso dell'adolescenza un rapporto con il padre migliore e più stretto dei figli biologici. Occuparsi del bambino, forse val la pena ricordarlo, richiede un'attenzione protratta nel tempo. I padri moderni si fanno belli del fatto di avere vinto la battaglia dei pannolini, cioè di essere ormai diventati capaci, oltre che di dare il poppatoio, anche di cambiare i piccoli, ma ci sono ulteriori battaglie da combattere con costanza nel corso dello sviluppo del figlio!

Interessanti ricerche, che hanno cercato di valutare l'investimento paterno nel figlio in diversi contesti culturali, hanno mostrato che la maggioranza dei padri italiani, pur dichiarandosi "molto coinvolti nell'allevamento dei figli", in realtà non conosceva il nome di nessuno dei loro compagni di scuola.

Essere coinvolto, per il padre di un bambino che frequenta la scuola, fin da quella dell'infanzia, passa proprio attraverso questa condivisione e conoscenza degli interessi del figlio.

I primi capitoli del "romanzo"

Sia chiaro che la formazione di un'adeguata consapevolezza etnica non implica il fatto che il bambino non debba sentirsi italiano: la maggior parte delle interviste fatte a postadolescenti adottati mostra che a quell'età i soggetti sanno bene che sono italiani e si sentono tali; però devono aver al contempo maturato la coscienza della propria diversità somatica e culturale. In maniera analoga ad altri tipi di immigrati, devono risolvere con la maggior consapevolezza possibile, compatibilmente con le capacità cognitive legate all'età, la questione del tipo di integrazione che desiderano avere con il Paese che è diventato la loro patria. Dovrebbero sentirsi italiani, ma con una storia speciale della quale andare fieri.

La costruzione comune del romanzo familiare deve portare a

condividere anche i "non so": i genitori mancano di molte notizie, che potrebbero essere interessanti, ed è giusto che lo facciano presente, se richiesti. Certamente non devono costruire una pseudovicenda addomesticata, come per esempio inventarsi la morte dei genitori biologici.

Lo psicoanalista britannico Wilfred Bion afferma che per realizzare uno sviluppo mentale sano, l'individuo dipende dalla verità: verità incomplete o contraddittore, o addirittura mancanti, possono deteriorare la personalità.

Contiamo comunque sul fatto che i primi tempi sono stati definiti da alcuni una "luna di miele adottiva". A tutto ciò dobbiamo aspettarci facciano seguito le famose *prove*, come nelle favole, cui il solido genitore deve essere sottoposto per verificare la tenuta, la solidità dell'amore per il figlio. Le prove è bene che siano affrontate in coppia, senza che uno faccia la parte del cattivo e l'altro del buono, le alleanze verticali in famiglia (del figlio con un genitore, contrapposti all'altro genitore) sono patogene per definizione, soprattutto se creano dei fronti rigidi.

Le famiglie dovrebbero poter essere aiutate nei momenti di difficoltà del loro percorso, come osservavamo prima: i servizi pubblici della sicurezza sociale sono potenzialmente sempre raggiungibili e di solito disposti a collaborare, anche se è più probabile che i genitori vi si rivolgano solo una volta che il decreto di adozione è divenuto definitivo. Preziose sono sempre le associazioni private di genitori: si tratta di gruppi di auto-aiuto, nei quali genitori esperti sostengono, consigliano quanti siano alle prime armi. Un buon esempio è l'associazione Genitori si diventa, una Onlus, che ha numerose sezioni in tutta Italia.

La comunità

Il bambino che viene accolto in una nuova famiglia viene accolto anche nella comunità, ovvero in tutti gli ambienti con cui la famiglia ha un contatto più o meno diretto, ed è quindi normale che tutti siano informati e che tutti svolgano il loro ruolo di comprimari nel processo adottivo. Talvolta si parla addirittura di "adozione sociale". Ai genitori può toccare proprio l'ulteriore compito di diffondere la cultura dell'adozione. Questo è il ruolo per esempio delle associazione dei genitori, oltre a quello di funzionare come supporto per i loro membri.

Al di là delle leggi, deve essere la sensibilità comune, quella del passante che si incrocia per la strada e vede il genitore bianco che spinge un passeggino con un piccolo dagli occhi a mandorla, a funzionare da contenitore adeguato dell'idea dell'adozione.

Vedremo come il mondo della scuola, essendo a più diretto contatto con il bambino, è uno degli ambiti sociali che con assoluta urgenza deve sviluppare una cultura accogliente.

Gli altri bambini

Tra i portatori di idee che possono urtare la sensibilità di una famiglia adottiva metterei anche gli altri bambini, incontrati all'asilo, a scuola o nel parco giochi. Può accadere che dalla bocca di un piccolo compagno escano prese in giro, scherni, accuse, perché "tu non sei davvero il bambino della tua mamma...".

Pensare che queste affermazioni sorgano dall'aver ascoltato conversazioni inopportune in famiglia; pensare che, se la cosa emerge nel contesto scolastico, stia all'insegnante chiarire e intervenire, può non essere sufficiente. Ritengo, piuttosto, che i bambini devono essere messi in grado di difendersi da soli con argomenti che provo a proporre.

- Il bambino sa tutto sulla sua origine e quindi l'affermazione del compagno non lo spiazza più di tanto.
- Lui in realtà può vantare ben quattro genitori, rispetto ai banali due degli altri. Questo è un argomento molto efficace per una mente infantile, che è noto come trovi perfettamente accettabile l'osservazione: "l'orologio del mio papà è meglio di quello del tuo perché cammina più in fretta…".
- Lui ha dei genitori che lo hanno scelto, voluto proprio così com'è.

Spero che queste risposte un po' scherzose riescano a esprimere la consapevolezza, che deve essere stata trasmessa fin da subito al bambino, che la sua condizione per quanto riguarda l'amore dei genitori è di assoluta uguaglianza rispetto agli altri bambini e quindi tutto ciò lo renda tranquillo interprete di questa convinzione nei contatti con i suoi detrattori.

Problemi più acuti e ovvi possono caratterizzare le adozioni interetniche, soprattutto con bambini di colore. Dati non recentissimi, anteriori al 1996 (Scabini e Donati, 1996), mostrano che il 21% dei preadolescenti e degli adolescenti adottati italiani, intervistati nel corso di una ricerca, ha dichiarato di essere stato vittima di *episodi di razzismo*. Si spera che il problema tenda a diminuire per gli aspetti positivi della globalizzazione di cui siamo tutti testimoni, cioè il continuo contatto con volti, colori, diversi, ma comunque è probabile che, soprattutto se la loro pelle è nera, i piccoli abbiano difficoltà di contatto con i compagni.

Infatti, anche se la consapevolezza etnica, della quale abbiamo parlato, compare relativamente tardi, intorno ai 7-8 anni, la grossolana distinzione tra bambini bianchi e bambini neri è colta anche prima dei 4 anni. A quell'età è difficile che i bambini abbiano già avuto indicazioni su come ci si comporta con gentilezza, mentre è probabile che sia presente in loro l'equivalenza nero = sporco o cattivo (l'uomo nero). Se il bambino vittimizzato è molto piccolo, non è in grado di opporsi alle angherie e deve ricorrere alla protezione e agli argomenti degli adulti.

I nonni

Oggi i nonni sono molto di moda in ambito psicologico, dato che la vita umana si è notevolmente allungata e sempre più persone arrivano a poter svolgere questo ruolo. Inoltre, per la destrutturazione delle tappe dell'esistenza umana, non esistono più età troppo rigide e predeterminate per sposarsi, lasciare la casa dei genitori, avere figli, e quindi i nonni possono essere dei quarantenni come degli ottantenni.

I nonni dei libri delle elementari, il nonno con il bastone e la nonna con la crocchia, sono residui di un mondo contadino assolutamente non più riscontrabile.

Molto spesso vedo nonni che vanno in bicicletta a prendere il nipotino all'asilo, ho notizia di amiche che lavorano sodo e lasciano riunioni importanti per un loro "impegno", che è poi il loro turno come nonne-baby sitter.

La psicologia sta scoprendo il ruolo della "nonnità", ed è stato appunto creato questo termine apposito. Si tratta di una relazione che riserva molte dolcezze ai protagonisti. L'unico avvertimento è che non è opportuno che i nonni abbiano un coinvolgimento troppo diretto nell'allevamento dei bambini, che cioè sostituiscano i genitori nella responsabilità per lo sviluppo del piccolo.

All'estremo vi sono situazioni nelle quali genitori in gravi difficoltà – un periodo di tossicodipendenza o di soggiorno in carcere – sono costretti a rinunziare alla loro funzione venendo completamente sostituiti dai nonni, che si trovano a sostenere da soli il peso materiale e morale dell'allevamento del bambino.

Ma nella maggior parte dei casi la situazione, per fortuna, non è questa. In particolare i nonni di bambini adottivi devono semplicemente affiancare genitori competenti e motivati che già fanno molto per i figli.

Possono quindi svolgere un compito "di lusso": viziare i bambini, con tutte quelle concessioni che il genitore non può fare per non far perdere di vista al figlio regole, principi e orientamenti che servono a regolare la sua vita. Il nonno può tranquillamente transigere ed esprimere tutto il suo amore senza regole.

Altra funzione dei nonni è quella di giocare insieme ai nipoti per fare cose piacevoli e interessanti. Di solito, infatti, hanno più tempo dei genitori e non sono pressati da altri incarichi quando si dedicano ai nipoti rispettando così quelli che sono i tempi congeniali a un bambino. Chiunque abbia avuto a che fare con un bambino ha chiaro come il tempo che possiamo dedicare alle varie attività quotidiane (pasti, acquisti, spostamenti ecc.) sia sempre troppo breve per lui: anche il più vivace e vispo preferirebbe fare le cose con più calma. I nonni possono offrire questo tempo allargato.

Inoltre i nonni parlano, raccontano favole o episodi di vita familiare. Ricordare cosa faceva il papà, o la mamma, quando erano piccoli è un utilissimo ponte tra le generazioni che viene lanciato dalle parole dei nonni.

Se la vogliamo mettere in termini psicoanalitici, si dice che il nonno fa scoprire al bambino che anche il proprio onnipotente genitore è stato bambino a sua volta e ha ricoperto il ruolo di figlio; tutto questo è utile, apre dimensioni di comprensione e di risoluzione di eventuali conflitti.

Vedendo la cosa in termini più culturali, questi racconti sono anche il tramite per capire il passato, rendersi conto che esisteva un tempo in cui il mondo era assai diverso.

Tutto questo è sicuramente utile e lo fanno sia i nonni adottivi che quelli biologici, senza particolari differenze.

Nella legislazione precedente, ai documenti per la richiesta di adozione andava anche acclusa una dichiarazione dei genitori della coppia che attestasse la loro disponibilità a considerare i bambini adottati parte della famiglia a tutti gli effetti. La preoccupazione del legislatore chiaramente riguardava i problemi ereditari, i beni. Tutto questo non è più avvertito come necessario. Oggi la disponibilità dei nonni, non documentata da un atto ufficiale, deve essere solo quella a svolgere il loro prezioso ruolo tradizionale che consiste nell'accogliere in famiglia e trasmettere ai più piccoli l'eredità immateriale dei ricordi e dell'appartenenza.

Il figlio adottivo deve pian piano capire, pur nella diversità della sua origine, di essere venuto a far parte di una storia familiare comune e "raccapezzarsi" con i nomi di bisnonni sconosciuti e nonni reali che invece può conoscere e sentire come propri.

I fratelli

Si potrebbe dire: se ci sono, ben vengano. Da ricerche internazionali e italiane emerge come il grado di adattamento del bambino adottato sia migliore se ci sono altri bambini in famiglia. In particolare ne beneficia la sua capacità di evocare ricordi relativi al proprio passato.

Dal punto di vista dei fratelli, figli biologici della coppia, l'arrivo di un bambino adottato può riservare qualche difficoltà extra rispetto alla nascita di un fratellino, che è chiaramente documentata dai cambiamenti nel corpo della madre durante la gravidanza. L'ingresso in famiglia del nuovo bambino deve essere adeguatamente preparato con parole giuste che consolino i figli della coppia del fatto di dovere condividere con un altro i genitori, senza cadere però in dichiarazioni pietistiche che o "non attaccano" con i piccoli, o possono essere usate come "arma impropria" nei primi contatti con il nuovo arrivato.

Comunque, a lungo termine, le ricerche sono concordi nell'indicare che la presenza di un fratellino adottivo non nuoce affatto allo sviluppo dei figli naturali della coppia.

Risulta che i legami con i fratelli possono essere davvero solidi, particolarmente tra figlio adottivo e fratello maggiore, a sua volta adottato o meno. Il fratello può costituire un intermediario prezioso nei rapporti con i genitori e spesso si rivela una spalla complice e consolante nelle difficoltà dell'adolescenza, offrendo i vantaggi di un legame familiare, non così ingombrante come quello con gli adulti.

Se il fratello ha però gli stessi genitori biologici ed è stato adottato insieme, la questione è più complessa: nel caso di adozioni plurime possono esserci gelosie dovute al fatto che la coppia desiderava solo un figlio mentre ha "dovuto" prenderne anche un altro, ma anche al rapporto di protezione che può essersi instaurato tra i fratellini prima dell'adozione. È possibile che i fratellini abbiano soggiornato insieme in un istituto o addirittura nella loro famiglia, risultata poi trascurante. In questi casi il rapporto fraterno assume l'aspetto di una relazione di protezione quasi genitoriale da parte del fratello o della sorella maggiore e nella famiglia adottiva si crea una specie di subsistema, non sempre funzionale alla vita familiare.

Situazioni ancora diverse si delineano nel caso in cui la coppia concepisca un figlio biologico dopo aver adottato. Non è raro che ciò si verifichi, documentando come tante difficoltà nel concepire possano essere di origine psicologica più che organica. In questo caso è il fratellino maggiore adottato che dovrà combattere con la gelosia. Come sempre il messaggio da trasmettere sarà tanto più efficace quanto più sarà autentico, quanto più la coppia sarà riuscita a chiarire le sue emozioni nei confronti di questi due diversi modi di fare i genitori e sentirli come entrambi ugualmente validi.

La scuola

Appena entrato nella nuova famiglia il bambino è "a rischio" di essere mandato a scuola o all'asilo. Usare il termine "rischio" manifesta il mio pensiero in proposito.

Personalmente mi sono interrogata sull'opportunità di mandare nostro figlio a scuola, visto che era in età scolare, anche se appena arrivato dal suo Paese. Aspettare avrebbe voluto dire "fargli perdere un anno" (rispetto a chissà quale corsa a premi...). Nei miei dubbi mi sono rivolta anche ai servizi sociali, per una consulenza, che ho avuto l'impressione abbia valutato l'equilibrio psichico, la mancanza di aggressività, la capacità di giocare e poi tornare da me, dalla neomamma, del mio bambino appena arrivato.

Allora sia io che chi il consulente sembravamo prendere in considerazione solo la capacità del bambino di adattarsi all'ambiente scolastico e, in quest'ottica, nostro figlio è stato giudicato abile e arruolato per andare a scuola, un mese dopo il suo arrivo in Italia.

Ritengo che sia stato un errore. La scuola è una prova molto dura per tutti i bambini. Senza cedere a fantasie persecutorie è evidente che, in generale, un ambiente istituzionale, il primo lontano dalla famiglia, dove un solo adulto si deve prendere cura di più bambini che devono, a loro volta, stare attenti, interessarsi, produrre dei risultati che vengono valutati, costituisca una sfida difficile.

Non per altro i bambini prematuri, che possono avere compensato perfettamente ogni deficit rispetto ai loro coetanei, può accadere che abbiano difficoltà e ritardi una volta messi alla prova dell'esperienza scolastica.

Penso che la durezza della sfida sia notevole per un bambino appena adottato, proveniente da un istituto, che deve di nuovo immergersi in un ambiente istituzionale, allontanarsi dalla casa che ancora non sente appieno come sua, confrontarsi con compagni che hanno un'esperienza diversa dalla sua (non come gli altri ospiti dell'istituto), sforzarsi di seguire le lezioni, qualche volta con problemi linguistici. In questa situazione deve imparare contemporaneamente sia la lingua parlata che quella scritta, diversamente dal percorso normale di tutti i bambini che nel loro contesto linguistico imparano prima a parlare e poi a scrivere.

Da ciò l'invito a ritardare il più possibile l'entrata a scuola. Questa possibilità tuttavia non è di solito contemplata con sufficiente elasticità dai servizi che tendono a fare rispettare il principio dell'obbligo scolastico. Un ripensamento penso sia opportuno: per un bambino, anche in età da prima elementare, meglio sarebbe percorrere la strada dell'inserimento nella scuola dell'infanzia.

Andare a scuola comporta svolgere quello che si definisce il "curriculum nascosto", cioè imparare a conformarsi alle esigenze di un ambiente scolastico, a gestire il tempo come richiesto, fondamentalmente a obbedire. Tutto ciò, oltre a competenze linguistiche eventualmente ancora carenti, può essere acquisito in maniera più progressiva nella scuola dell'infanzia, quella che una volta si chiamava l'asilo. Inoltre in molti Paesi la scuola inizia a 7 anni e non a 6 come da noi, e quindi fare affidamento solo sull'età vuol dire ignorare che oltretutto a parità di età il bambino ha frequentato nel suo Paese un anno di scuola in meno.

Con bambini più grandicelli le difficoltà sono legate all'anno scolastico nel quale inserirli: di solito l'elemento che viene fatto prevalere è l'età e non la preparazione scolastica. Tuttavia frequentare una classe dove vengono presentati contenuti scolastici troppo complessi può essere molto frustrante. La questione non è di facile soluzione: se è vero che un tredicenne può soffrire molto ad avere come compagni di classe dei "bambocci" di 10 anni delle elementari, è anche vero che le richieste di una seconda media per quanto riguarda lingua e preparazione curriculare sono probabilmente davvero eccessive per lui.

Parte quarta

Difficoltà di percorso

Problemi/non problemi

Due questioni "preliminari"

Vorrei in primo luogo soffermarmi su due interrogativi che talvolta sono stati posti in merito a cosa devono fare i genitori adottivi: *conservare il nome del bambino dopo l'adozione?* e *quando spiegare al bambino che è stato adottato?* Mi sembra che le questioni fossero più avvertite come problematiche in passato, mentre attualmente si sia sviluppata una sensibilità comune che permette di dare risposte abbastanza univoche.

La maggior parte degli esperti è d'accordo sul fatto che il nome del bambino debba essere conservato, perché costituisce una parte della sua identità che non può essere negata, trasformata e addomesticata, inserendola in una tradizione familiare e culturale diversa. È evidentemente legittimo pensare a una modifica di un nome che in italiano sia impronunciabile o che abbia assonanze sconvenienti o umilianti nella nostra lingua, ma solo questi dovrebbero essere i casi.

I vantaggi del cambiamento potrebbero consistere solamente nella maggior possibilità di "nascondere" la provenienza straniera del bambino, ma come tutti gli inganni potrebbe essere controproducente. A livello simbolico potrebbero invece comunicare al figlio una volontà di assorbimento che può non essere sempre positiva.

Per i bambini molto piccoli la questione non si pone nell'immediato e il significato simbolico di negazione e sradicamento del cambiamento di nome potrà essere colto quando il bambino sarà diventato adulto. Mentre per i bambini che hanno già appreso nel loro Paese di origine a rispondere al proprio nome si tratta di una vera forma di prevaricazione, che può essere avvertita subito dal piccolo "immigrato".

In passato spesso questo cambiamento veniva concepito dal genitore adottivo come una forma di nuovo inizio, un modo di voltare pagina rispetto alle probabili sofferenze o inadeguatezze del contesto nel quale il bambino era cresciuto fino ad allora. È in realtà un atteggiamento ingenuo: negare, nascondere, ignorare non sono soluzioni ai problemi e le discussioni sui ricordi dovrebbero invece costituire un ponte comunicativo tra i genitori e il bambino.

La seconda questione, quando spiegare al bambino che è stato adottato, mi sembra possa essere risolta, anch'essa, in nome della chiarezza del rapporto. Fin da subito il bambino deve sapere che non è stato nella pancia della mamma, che i genitori sono " genitori di amore" e non "di sangue". Le occasioni saranno continue e progressive, regolate sulla capacità del bambino di capire la situazione e non sarà necessaria certo una "spiegazione" ufficiale, che diventerebbe per ciò stesso drammatica e traumatica.

Sarà solo una volta raggiunta l'età scolare che il bambino coglierà cognitivamente la complessità della distinzione tra figlio biologico e figlio adottivo e tutte le implicazioni che comporta: l'abbandono, che ci deve essere stato nel suo passato, e la diversa struttura della famiglia biologica.

A livello emotivo molti di questi aspetti sono però intuiti già assai prima e vengono capiti proprio grazie alla mediazione di quello che pensa e sente il genitore. Questo presuppone che il genitore abbia chiarito a se stesso il suo atteggiamento nei confronti dei genitori biologici, che come abbiamo detto non può essere di rifiuto eventualmente dettato dalla gelosia nei loro confronti, per cercare di proteggere il senso del valore e dell'identità del bambino stesso.

Una tecnica di negazione, come dire al figlio che i suoi genitori biologici sono morti, può essere una modalità che solo apparentemente tutela tutti: il bambino attribuisce alla morte dei genitori, quindi a un'eventualità fatale, il suo abbandono e viene meno la possibilità che crescendo cerchi di scoprire l'identità dei suoi genitori biologici. Le menzogne però sono pericolose e controproducenti, nel caso sempre possibile di evidenze contrarie, e soprattutto allungano sulle relazioni interpersonali un'"ombra pericolosa".

Le dolorose verità funzionano meglio, ma siccome di solito non disponiamo di verità sul motivo dell'abbandono si può solo manifestare un atteggiamento di comprensione per una vicenda sicuramente dolorosa della quale tutti sono stati incolpevoli attori.

In positivo il genitore dovrebbe d'altro canto comunicare che lui ha scelto quel certo bambino, lo ha voluto con grande determinazione e, soprattutto ha voluto proprio lui, con le sue caratteristiche che gli vanno benissimo e gli piacciono.

La salute

L'adozione di bambini che hanno malattie è un gesto consapevole, che alcune coppie decidono di compiere. Comporta evidentemente problemi e rischi maggiori: la disponibilità ad accogliere deve prevedere l'impegno per le cure e la preoccupazione per una situazione difficile.

I bambini che arrivano nella nuova famiglia sono in generale piccoli di statura, qualche volta magrolini, tali da evocare la possibilità che l'alimentazione dell'istituto non sia stata adeguata o che il bambino soffra di quella sindrome che i pediatri definiscono come FTT (in inglese *Failure To Thrive*), più genericamente di carenze nella crescita. Si sa cioè che un bambino non seguito con sguardo attento dai genitori può soffrire di una carenza psicofisica che si segnala già nell'aspetto non "fiorente".

È di solito un'esperienza profondamente rassicurante e confortante vedere che in pochi mesi la crescita del bambino fa un balzo, la sua altezza e tutti i parametri di sviluppo fisico progrediscono in misura quasi incredibile.

Attualmente si sta formando una particolare sensibilità nel servizio sanitario nazionale, che ha portato, soprattutto in alcune regioni, ad applicare un protocollo diagnostico-assistenziale specifico approvato dalla Commissione per le adozioni internazionali.

Esso prevede una valutazione clinica generale e molti esami di laboratorio, che possono essere mirati a seconda del Paese di provenienza dei bambini. La funzionalità tiroidea per esempio viene valutata per i bambini bielorussi, oppure vengono effettuate indagini relative a malattie infettive o parassiti frequenti nei Paesi africani.

Ormai nessun bambino può essere dichiarato adottabile, nel proprio Paese d'origine, se non è stato fatto il test per l'HIV.

I denti, definiti da alcuni il giornale di bordo del passato del bambino, sono spesso un tema non allarmante dal punto di vista sanitario ma assai preoccupante da quello economico!

Normalmente comunque i bambini che giungono nel nostro Paese sono sani e, secondo alcuni genitori, particolarmente "tosti". L'espressione scherzosa mi sembra che colga bene due aspetti di questa robustezza: quello fisico e quello morale. I bambini istituzionalizzati sono stati solitamente sottoposti a un gran numero di vaccinazioni, che anche l'istituto più modesto cerca di garantire; inoltre, essere cresciuti in comunità è certamente un'esperienza temprante dal punto di vista delle malattie. Se si pensa a tutte le malattie che i figli di famiglie normali hanno nei primi anni della scuola dell'infanzia, si può pensare che questa esposizione a tutte le malattie possibili si sia già verificata.

Dal punto di vista morale, l'espressione rimanda ad aspetti di forza, determinazione, anche caparbietà che questi bambini possono manifestare. Proprio la durezza delle esperienze non solo fisiche, ha stimolato una capacità di proteggersi da soli, di sforzarsi con determinazione di raggiungere i propri scopi. Tutto questo di solito non si manifesta sul fronte scolastico sotto forma di caparbietà nel perseguire un profitto, quanto nella scarsa disponibilità a negoziare i propri obiettivi.

Per quel che riguarda la mia esperienza personale di madre, ho notato e l'ho ricondotto a questo vissuto di solitudine nel suo passato, la scarsa propensione di mio figlio a cacciarsi in pericoli fisici. Non ha mai fatto cose fisicamente rischiose, come buttarsi da luoghi elevati o tuffarsi nel mare agitato: ho avuto l'impressione di un bambino che, abituato a badare a se stesso, abbia acquisito la capacità di tutelarsi, proprio perché nessuno sarebbe arrivato prontamente in suo soccorso. È quindi una forma di robustezza, raggiunta certo a caro prezzo. Il rovescio di questa medaglia è ovviamente la tendenza alla trasgressione che può manifestarsi nell'adolescenza, quando ancora è modesta la capacità di valutare le conseguenze a lungo termine dei propri comportamenti.

Conflitti con la generazione precedente

Abbiamo prima parlato dei nonni come di una risorsa. Possono tuttavia anche non esserlo. Dal punto di vista psicoanalitico la sterilità della coppia, che può essere psicogena, pone qualche dubbio sull'armoniosità dei rapporti della coppia con i loro genitori. Può essere problematico il modo in cui essi hanno vissuto, ovviamente a livello inconscio, il "permesso" di generare a loro volta, che a ognuno di noi deve essere dato dalla generazione più anziana. In altre parole, la mancanza di figli desiderati può derivare dal fatto che i genitori di uno o di entrambi i membri della coppia non hanno "comunicato" loro che erano diventati adulti e quindi in grado di avere figli a loro volta.

Questa raffinata interpretazione può essere esplicativa anche della difficoltà di accettazione del nipotino adottivo.

Il fatto che il figlio o la figlia abbia aggirato il divieto di diventare genitore a sua volta procurandosi un bambino in maniera diversa dalla filiazione biologica può suscitare un risentimento doloroso nei nonni. Qualche volta la difficoltà di rapporto si veste dei panni dell'essere antiquati, di privilegiare le famiglie classiche, "di sangue", ma le radici del dissapore possono essere queste.

Cosa fare? Evidentemente qualsiasi consiglio dipende da quanto la relazione della coppia con i propri genitori sia importante e da garantire. Si può tentare di parlare e discutere, se vale la pena farlo o, come estrema soluzione, si può rinunziare a che il nipotino frequenti i nonni.

Le bugie

Un problema che può affliggere i genitori adottivi nell'educazione del figlio è una certa tendenza da parte dei bambini a dire bugie.

Gli psicologi di solito sono entusiasti sostenitori del valore positivo che ha il dire bugie per un bambino piccolo: sapere mentire vuol dire avere capito quali sono le regole del gioco e talvolta essere in grado di far credere all'adulto qualcosa di diverso da quello che il bambino sa essere avvenuto. Tutto ciò non dimostra "fantasia" come si potrebbe credere, ma una conoscenza delle norme sociali e morali e una capacità di rappresentarsi cosa passa per la mente dell'altro, l'adulto, che per un bambino piccolo è una competenza raffinatissima.

Ma se lo psicologo dello sviluppo è tutto contento quando sente un bambino di 2 o 3 anni che elabora una scusa per qualche marachella che ha combinato, come reagisce il genitore di un bambino di 11 anni al quale il figlio adottivo racconta di essere andato in un luogo e invece è andato in un altro, proibito, pericoloso, in cattiva compagnia?

È molto difficile che si rallegri, anche se tutto ciò dimostra che il ragazzino ha capito perfettamente cosa non si deve fare, e che quindi va tenuto nascosto. Di fatto il genitore avvertirà la bugia come una menzogna, come un doloroso tradimento.

Mi risulta che questo problema sia abbastanza frequente e quindi che esprima qualche aspetto tipico del vissuto del bambino adottato nel rapporto con la nuova famiglia.

Da un certo punto di vista può far pensare a una rottura del patto familiare. Si sa che in famiglia si è uniti, nella buona e nella cattiva sorte, che si può contare sull'accettazione da parte dei familiari di tutti gli aspetti del nostro sé, anche di quelli meno buoni. Quando invece vengono dette delle menzogne, si è chiaramente insinuato un elemento di diffidenza e di sfiducia, non si ritiene di potere essere accettati nei nostri aspetti meno brillanti o virtuosi.

Questa è una situazione abbastanza tipica della percezione di se stesso e del proprio rapporto con i genitori, venata di insicurezza e fragilità, che ha il bambino adottato. Sicuramente di questo tipo è la percezione del suo rapporto con i genitori biologici, che in qualche modo lo hanno tradito e ingannato non tenendoselo vicino. La vita del bambino che ha subito l'abbandono è quella di una persona il cui destino è stato manipolato da altri: da ciò forse la volontà di essere qualche volta protagonista attivo di manipolazioni e inganni...

E il valore della bugia nel rapporto con i genitori adottivi?

Nel momento della tentazione non ha avuto forza sufficiente per resistere al fascino della trasgressione, e poi, ancora, non ha la forza di mettere a rischio il suo ruolo di bravo bambino, confessando.

Talvolta la questione è ancora più complessa: la trasgressione può essere stata intenzionale, per mettere alla prova la tenuta affettiva del genitore di fronte a un figlio che può permettersi il lusso di essere sciagurato, ma poi prevale la prudenza... In entrambi i casi la menzogna sembra quindi rimandare alla questione dell'accettazione del bambino e del suo comportamento, anche quello cattivo, da parte del genitore.

In questi termini la problematica va quindi, a mio avviso, capita e affrontata, non con indulgenza gratuita, ma ribadendo i motivi che rendono il comportamento inappropriato (richiamare la regola), e, subito dopo, sottolineando la propria disponibilità ad accettare comunque la "pecorella smarrita".

Ricordo con grande commozione quando al disvelamento di una marachella e alle mie obiezioni: "Ma non pensavi quanto mi sarei arrabbiata...?", mi è stato infine risposto: "Ma io sapevo che mi avresti perdonato".

Le difficoltà scolastiche

Non è raro che i bambini adottati abbiano difficoltà scolastiche.

È un fenomeno constatato non solo in Italia, ma anche in tutti i Paesi occidentali che svolgono l'adozione internazionale.

Difficoltà scolastiche può voler dire diverse cose: rapporti difficili con gli insegnanti e/o con i compagni e scarso profitto scolastico. Tutti noi ci rendiamo conto come tali questioni possano essere intrecciate tra loro, cioè essere alternativamente causa o effetto l'una dell'altra. Proviamo perciò ad analizzarle una per volta

Per quanto riguarda le *difficoltà con gli insegnanti* talvolta, al di là della buona volontà o di un atteggiamento pietistico, questi possono non avere una preparazione specifica per affrontare al meglio la relazione con un bambino con una vicenda particolare.

La letteratura, che cita più spesso i casi clinici, presenta storie di autentici disastri fatti da insegnanti che non hanno valutato il peso delle loro parole per esempio nel momento della presentazione del nuovo arrivato alla classe.

Attualmente alcuni Comuni, come quello di Firenze, hanno istituito centri (cosiddetti "di alfabetizzazione") che sostengono gli insegnanti nel lavoro di integrazione interculturale, rivolti in primo luogo ai bambini stranieri figli di immigrati, ma anche, come ulteriore obiettivo, ai bambini adottati tramite l'adozione internazionale.

Questi centri svolgono la loro opera formando gli insegnanti, promuovendo iniziative didattiche di tipo interculturale, supportando famiglie e scuola.

Le politiche da realizzare possono essere improntate a due diverse opzioni: l'integrazione in termini di assimilazione, oppure la realizzazione di un percorso interattivo pluralistico che esalta le differenze. Gli insegnanti dovrebbero porsi il problema e scegliere consapevolmente l'una o l'altra strategia.

Un errore può consistere nell'accomunare i bambini arrivati con l'adozione internazionale a quelli immigrati. È certo una prova di elasticità mentale e di finezza psicologica sentire e far capire ai compagni che il bambino immigrato appartiene a un'altra cultura, ma ha i genitori e un universo culturale ancora "attivo", mentre il bambino straniero adottato ha un bagaglio culturale meno "attivo" e rapporti diversi con la propria vicenda familiare.

Oltre a questa opera di mediazione culturale, l'insegnante dovrebbe essere in grado di svolgere una riflessione e di conseguenza un'azione mirata, in relazione all'ulteriore "diversità" di questi bambini, al fatto cioè che siano inseriti in una famiglia che non è quella biologica.

Capita per esempio che molte delle attività formative previste nella scuola elementare, che cercano di fare afferrare al bambino il senso della storia, prevedano dei lavori sulla storia personale o di famiglia. Al bambino è richiesto di portare una propria foto di quando era piccolo, di interrogare i genitori su ricordi degli anni precedenti, addirittura sul periodo della gravidanza.

E il nostro piccolo "fuori sacco"? Insegnanti avvertiti dovrebbero poter gestire in maniera non automatica una classe nella quale ci sia un bambino adottato. Potrebbero attivare la loro fantasia pedagogica sfruttando film, libri (pensiamo alla deliziosa storia della gabbianella di Sepulveda) creando fiabe o usando giocattoli coi quali anche a bambini molto piccoli può essere fatto capire il significato di accoglienza dell'adozione.

La mancanza di riferimenti sul da farsi potrebbe invece spingere l'insegnante verso un atteggiamento pietistico che può esprimersi nel pretendere meno dal bambino, commiserandolo e proteggendolo, ma di fatto inviando un messaggio di svalutazione.

Va tenuto presente che l'insegnante è la prima figura che esprime un'autorità che il bambino incontra nel suo soggiorno in Italia. Talvolta il piccolo proveniente da un'altra cultura può rivolgersi a lui secondo i principi propri della sua cultura di origine quando ci si rivolge all'autorità. Potrebbe, per esempio, avere un atteggiamento troppo passivo, poco curioso e collaborativo, che andava benissimo nella cultura di riferimento del bambino, dove serviva a mostrare rispetto, ma non va bene nella nostra vita scolastica.

Può anche accadere che l'insegnante debba svolgere una funzione di mediatore nei rapporti con i compagni e cerchi di minimizzare i commenti e gli atteggiamenti non benevoli che i coetanei indirizzano al bambino, che può avere sia un profitto inferiore, sia un aspetto che lo identifica subito come appartenente a un'altra etnia.

Così facendo però non permette né al bambino né ai suoi compagni di elaborare, cioè discutere e capire, il problema. Ancora una volta il silenzio è una pessima politica.

Per quanto riguarda i *rapporti con i compagni*, come abbiamo accennato, i bambini che sono cresciuti in istituto non sono molto competenti dal punto di vista sociale perché la vita di comunità è totalmente diversa da quella di un gruppo spontaneo di gioco che si forma a scuola o ai giardini.

Alle probabili difficoltà linguistiche, se il bambino è da poco arrivato in Italia, si somma questa scarsa competenza sociale che invece è riuscito a sviluppare chi fin da piccolissimo ha interagito con compagni estranei.

Mi permetterei quindi di consigliare ai genitori di favorire i contatti con bambini, figli di amici e parenti, più disponibili e l'iscrizione a gruppi organizzati, come gli scout, quelli parrocchiali o associazioni sportive, che presuppongono una interazione guidata tra i membri.

Infine, una volta identificata una nascente reciproca simpatia con un compagno di scuola, raccomanderei ai genitori di assecondare il rapporto in tutti i modi, trasformandosi in sfacciati addetti alle relazioni pubbliche, anche se questo comporta qualche sacrificio del proprio tempo. Portare i bambini al cinema, accogliere l'amico in casa, anche per brevi soggiorni, può offrire un contesto rassicurante per sviluppare le amicizie.

Dà comunque da pensare la tendenza, osservata nei bambini adottati, a cercare e frequentare coloro che hanno avuto un'esperienza analoga. Non so proprio se sia una personale preoccupazione, ma mi pare che questo incontro di identità ferite non sia quanto di meglio ci si può aspettare per sviluppare una sana dialettica intersoggettiva.

Nel caso di bambini provenienti dallo stesso Paese o con tratti somatici simili, meglio ancora se provenienti da famiglie "naturali", questa forma di rispecchiamento di sé nell'altro penso invece possa essere più produttiva.

Per quanto concerne i *risultati scolastici*, un profitto carente, normalmente, può essere legato allo scarso investimento del bambino nella scuola.

Per investimento scolastico si intende il valore che il bambino attribuisce alla scuola: uno scarso investimento è uno dei motivi per cui il bambino non si impegna, non persevera dopo le prime difficoltà e quindi ha uno scarso profitto.

Per quanto riguarda i bambini delle elementari, mi sembra indubbio che siano consapevoli del valore prezioso dell'imparare a leggere e a scrivere. La modestia dei risultati scolastici che alcuni bambini adottati ottengono non deve far pensare che dipenda dal loro disinteresse nei confronti della scuola. Capiscono perfettamente che quello è il loro compito e la loro prova di abilità, come per gli adulti il lavoro. Il problema è piuttosto che non si sentono all'altezza. Non sarebbe quindi una buona politica quella di responsabilizzarli ulteriormente, immaginando che siano disinteressati o incapaci di capire il valore del contesto scolastico, vanno piuttosto incoraggiati. Di fronte alle difficoltà che è molto probabile incontrino è opportuno lodare i loro buoni risultati, raccogliere i segni, anche deboli, di interesse per specifici argomenti con giochi, attività, libri che vi si riferiscano, in modo che il bambino li avverta come un "suo" campo nel quale ha qualche competenza, diversamente dal resto...

L'ambito delle *competenze linguistiche* dovrebbe essere curato con attenzione: a scuola la lingua serve per studiare. Perché riesca a veicolare i contenuti scolastici, il bambino deve averne un completo controllo e quindi è fondamentale un lavoro su questo piano, a cura della famiglia o, meglio, della scuola.

Il problema penso si ponga in termini diversi nelle scuole superiori. Per i ragazzi cresciuti in Italia si può pensare che davvero ci sia uno scarso investimento nel profitto scolastico, semplicemente perché in questo momento nella nostra società il ruolo della scuola superiore è scarsamente valorizzato. Di fatto il loro atteggiamento è analogo a quello dei ragazzi italiani che frequentano le scuole superiori: spesso non attribuiscono un grande significato all'esperienza scolastica, ma solo alla scuola come luogo di incontro con i coetanei.

Invece, se il ragazzo viene inserito nella scuola superiore provenendo da un'esperienza scolastica del suo Paese d'origine, si può contare sul fatto che nel "resto del mondo", diverso da quello occidentale e consumistico, la scuola è maggiormente valutata e valorizzata e i ragazzi sono consapevoli del valore dell'impegno scolastico. In questo caso quindi non c'è da presumere uno scarso investimento scolastico, piuttosto i risultati modesti possono derivare di nuovo da problemi linguistici – visto che a questo livello si richiede una competenza ancor più raffinata –, o dalle diversità del sistema scolastico di provenienza rispetto al nostro (pensiamo solo al grande valore dato alla formazione scientifica in tutti i Paesi ex-socialisti, mentre la nostra scuola continua una tradizione più letteraria). In questo secondo caso i modesti risultati non derivano da scarso impegno, piuttosto dalle difficoltà incontrate. È quindi necessario insistere più che sulla carenza di buona volontà, sulle "isole di competenza", anche se limitate, e sulla proposta di compiti su misura.

Uno degli elementi sul quale non si riflette abbastanza è il fatto che la competenza linguistica dei bambini adottati, anche se residenti da lungo tempo in Italia, spesso non è adeguata nell'ambito del linguaggio astratto; va infatti tenuto presente che la loro conoscenza dell'italiano tende spesso a essere limitata alla lingua che serve per le attività quotidiane. Il linguaggio costituisce un universo culturale di riferimento al quale i piccoli "immigrati" partecipano solo parzialmente e quindi si dovrebbe garantire un'attenzione particolare a questa sfera, sia nella fase di inserimento scolastico, sia nei momenti successivi, anche quando sembra che sappiano abbastanza italiano per poter giocare con i compagni.

Su questi argomenti si è soffermato uno dei quaderni curati dalla Commissione per le adozioni internazionali, *L'inserimento scolastico dei minori stranieri*, come sempre ben documentato e preziosa fonte di informazione per genitori e insegnanti.

Peraltro Bowlby parlava della "fatica di pensare" che colpisce chi, pensando, potrebbe far emergere ricordi o pensieri dolorosi. Ma pensare è indispensabile per affrontare i compiti richiesti dalla scuola (De Rienzo et al., 1999).

Spesso il risultato di queste difficoltà è un percorso scolastico tormentato: ritardi, cambiamenti di scuole ecc.

Il denaro

Il denaro è un tema "sporco", ma necessario da trattare.

I genitori, come si è visto nella parte prima devono essere in grado di assicurare un certo benessere economico al bambino, quindi già al momento della costituzione della famiglia adottiva questo elemento ha fatto la sua comparsa.

Il denaro però non è solo una risorsa materiale ma è un equivalente simbolico di altre cose: il genitore adottivo ha denaro, ha affetto, ha una casa da offrire al bambino che, anche se molto piccolo, può sentire questa equivalenza e immaginare quindi la grande ricchezza dei propri genitori. Sicuramente i bambini adottivi capiscono presto, e facilmente, la differenza tra le ristrettezze della loro vita precedente e gli agi di una vita nella quale per esempio i loro desideri diventano facilmente realtà: un giocattolo, la bici ecc. Direi quindi che nella loro mente si stabilisce questa convinzione: "i miei genitori hanno grandi ricchezze". La difficoltà sta nel capire: "Che parte ho io di tutta questa ricchezza? Questo denaro è mio, me lo devo/posso, prendere?". Sto facendo riferimento ai non rari furti da parte dei bambini adottivi. Il delitto è analogo a quello della bugia ed esprime, secondo una logica un po' tradizionale, il desiderio di ingannare gli altri a proprio favore.

Potremmo provare a chiederci invece cosa significano furti in denaro o sottrazioni di oggetti nella mente del ragazzino o dell'adolescente adottato. Provo qui a proporre alcune ipotesi, che penso vadano analizzate caso per caso.

Il furto è una sfida, è uno dei modi per mettere alla prova la disponibilità dei genitori a offrire affetto e beni al figlio, malgrado lui stia infrangendo le regole.

Il furto è un modo per verificare *quanto davvero appartenga alla famiglia*, possa farne parte e condividerne i beni.

Il furto fa disporre di denaro ("gli adulti hanno disponibilità di denaro, anch'io ne ho"), in quest'ultimo caso il furto sarebbe *una dichiarazione di indipendenza*. Questa ultima possibilità configura un quadro che può valere altrettanto bene per i figli biologici e infatti mi risulta che, nell'adolescenza, sia un comportamento non raro tra i ragazzi.

Forse per "i nostri" c'è un elemento in più: oltre che segno di indipendenza, possedere denaro vuol dire "valere" e quindi superare i sentimenti di svalorizzazione e insicurezza che li hanno accompagnati.

Esiste anche un'interpretazione psicoanalitica del furto, elaborata da Winnicott, secondo il quale è un modo per colmare l'assenza della madre.

Il fenomeno può non essere sensibile né ai rimproveri né all'offerta spontanea da parte dei genitori di quello che viene sottratto: "Basta chiedere e te lo do io...".

In realtà non è tanto l'entità delle cifre, che può essere anche cospicua, ma la procedura truffaldina a sconvolgere il genitore, mentre evidentemente viene avvertita come bisogno dal figlio. La mia analisi non arriva alla soluzione del problema, riesco solo a proporre una ragionevole attenzione – tenete tutto sotto chiave – e dialogo e pazienza...

Il denaro – o gli oggetti che spariscono di casa – può assolvere la funzione di mostrarsi generosi e ricchi: invitare gli amici, offrire loro cibo e bevande o regalar loro qualcosa di prezioso è un modo candidissimo di comprarne l'amicizia e la stima.

I beni diventano quindi merce di scambio e vale la pena ragionare allora sul perché ha scelto quel determinato oggetto, o quel modo di spendere il denaro sottratto. Forse questi ragionamenti, fatti in una tranquilla discussione, possono portare una qualche chiarezza, possono spingere il figlio stesso a porsi il problema.

Il tema denaro può anche non avere questi caratteri così allarmanti, che fanno preoccupare i genitori e li fanno temere una carriera da delinquente per il loro figlio. Il problema può essere più semplicemente quello della gestione del denaro, della paghetta.

Per quel che mi risulta, è più probabile che il figlio abbia un comportamento da sprecone piuttosto che da avaro e che ciò faccia paventare al genitore un futuro da barbone per lui.

Di nuovo solo pazienza e come suggerimento pratico: non fare prestiti, ma mostrare con evidenza che i soldi finiti non si riformano spontaneamente, il che può far maturare la competenza adulta di sapere gestire le proprie finanze pensando al futuro, al dopo, imparando a contare sulle proprie forze.

Quello che va tenuto presente è il fatto che il denaro è il sostituto di altri beni: il bambino che non ha mai avuto nulla di suo, ora dispone di una sua proprietà e si esercita a gestirla.

L'adolescenza

L'identità

L'adolescenza dei figli costituisce una prova per la famiglia: la revisione della propria identità infantile per mettere a punto quella adulta prevede "esperimenti di identità" che possono essere più o meno disapprovati dai genitori, e una ridefinizione dei rapporti familiari, anche nell'ipotesi che tutto proceda tranquillamente.

Parlo di rapporti familiari perché non solo i genitori sono coinvolti, ma lo sono spesso anche i nonni. L'adorabile nipotino che spasimava di andare a trovare i nonni può diradare le visite, soprattutto non concedere più loro la sua confidenza e il suo affetto. Tutto ciò è normale.

Gli studiosi di psicologia dello sviluppo hanno svolto accaniti dibattiti sul fatto che questa normalità tempestosa sia necessaria, sul fatto che, inevitabilmente, l'adolescenza debba essere tormento e conflitto e sono, come spesso avviene, riusciti a dare solamente risposte parziali. Ci sono culture nelle quali i binari per crescere, per scegliere il proprio mestiere, il proprio ruolo, il proprio partner, sono così rigidi che l'adolescenza non è avvertita da nessuno come un periodo di scelte e quindi come un momento difficile.

Sicuramente, invece, la nostra cultura mette i giovani in conflitto: possono scegliere qualsiasi cosa, ma, appunto, le opzioni sono troppe e quindi è davvero difficile trovare la propria via. C'è una esaltazione dell'individualità, della propria autonomia, che viene però a collidere con le spinte altrettanto forti a omogeneizzarsi, a essere come gli altri. Ai giovani viene fatto credere che sono padroni del proprio destino e delle proprie attività del tempo libero, ma guarda caso queste attività (spettacoli, abbigliamento, divertimenti), sono spesso pensate e gestite dagli adulti.

La combinazione di forze è quindi conflittuale e il risultato è quello di una tempesta esistenziale che si somma a quella ormonale... Questi sforzi coinvolgono quindi sia i figli adottati che quelli biologici.

Ai genitori spetta il compito di riflettere su quanto dei problemi che si stanno eventualmente verificando derivi da generiche problematiche adolescenziali e quanto sia specifico della condizione di adottato.

È stato osservato che i ragazzi di colore, o comunque di etnia diversa da quella italiana, hanno problemi ulteriori.

Come osserva Dell'Antonio (1994, p. 67): «I bambini solitamente piacciono agli adulti perché hanno bisogno – o si ritiene abbiano bisogno – di protezione: ciò fa risaltare la competenza degli adulti», per cui anche il fatto di essere di colore è maggiormente accettato. Successivamente, però, quando rientra nei parametri di accettazione degli adulti, il ragazzo di colore condivide l'accettazione sociale che in quel Paese, e nel contesto in cui egli vive, tocca agli adulti di colore. Non sempre l'accettazione è incondizionata.

Da alcune interviste fatte ai genitori da ricercatori emerge solitamente una banalizzazione e sottovalutazione del problema, l'idea cioè che ciò sia legato alla problematicità dell'adolescenza e non alla condizione di adottato.

Vi è un dibattito in letteratura sulla maggiore probabilità che si verifichino dei problemi negli adolescenti adottati rispetto a quelli che non lo sono.

Per rendersi conto di quanto la questione sia complessa va tenuto presente il fatto che, per esempio, la maggior probabilità che gli adolescenti adottati ricorrano ad aiuti psicologici possa essere dovuta alla maggiore attenzione dei genitori per i loro problemi, piuttosto che a una obiettiva differenza rispetto agli altri. Le aree problematiche identificate sono

- lo studio e la scuola;
- i rapporti con gli amici;
- le relazioni con i genitori e con gli eventuali fratelli;
- la costruzione della propria identità.

Non deprimiamoci, visto che sembra esserci praticamente tutto, e andiamo avanti!

Detto in altri termini, la condizione dell'adolescenza è un passaggio che presenta dei rischi: i genitori stiano in guardia e si immaginino che gli adolescenti adottati hanno dei "compiti per crescere" più complessi degli altri. Questo non vuol dire che li debbano affrontare peggio, spesso non sono messi così male proprio perché dispongono di una famiglia attenta al loro sviluppo, come è solitamente quella adottiva, che può proteggerli e dare loro risorse maggiori. Comunque però il compito è complesso, le aree coinvolte possono essere tutte quelle citate sopra e i modi di affrontare i problemi da parte dei ragazzi possono anche passare per la trasgressione.

In generale la modalità prevalente che gli adolescenti adottati usano per venire a capo delle loro difficoltà è quella di trasformarle in azione, nel senso di avere comportamenti impulsivi, che possono comprendere allontanamenti da casa, furtarelli, raccontare bugie, comunque non un ripiegarsi su se stessi. Atteggiamenti depressivi non sono frequenti.

Si potrebbe fare riferimento, nel caso dei ragazzi che hanno avuto un'esperienza di istituto all'*analfabetismo emotivo* di cui abbiamo parlavamo nella parte seconda. La comprensione delle proprie emozioni è invece indispensabile per capire se stessi e le proprie esigenze. Se nella vita di istituto le conversazioni sulle emozioni sono mancate, è sperabile che ce ne siano state nella costruzione del rapporto e del "romanzo adottivo", perché cercare di farle adesso, quando si ha davanti un adolescente riottoso, può essere difficile. Vale comunque la pena di provarci.

La tanto esaltata comunicazione tra i membri della famiglia, di cui parlano tutti i manuali per il mantenimento dell'armonia familiare, ha come oggetto privilegiato proprio le emozioni che si stanno provando. Comunque i comportamenti messi in atto senza pensare alle conseguenze vanno letti anche alla luce della *mancanza di autostima* che è probabile tormenti il ragazzo. Teniamo presente che maggiore è l'autostima, maggiore è l'adattamento di un adolescente al suo contesto.

Tuttavia tutto ciò si presenta con maggiore problematicità per l'adolescenza dei ragazzi adottati, perché la loro identità ha subito in passato degli attacchi, e perché deve essere continuamente ricalibrata trovando una risposta alla domanda "chi sono io?" che tenga conto di un'eredità biologica sconosciuta.

Da un lato i ragazzi non conoscono i loro genitori biologici, che costituirebbero un'immagine di riferimento su come saranno loro da grandi, e possono averne, malgrado gli sforzi di conciliazione esercitati in passato, un'immagine negativa o assurdamente positiva e mitizzata.

Pensate, nella nostra normale esperienza, quanto l'aspetto fisico, il carattere, il comportamento delle generazioni che ci hanno preceduto abbia costituito uno specchio di quello che potevamo diventare. I ragazzi adottati non ne dispongono e la loro fantasia anticipatoria deve invece adattarsi con molto maggior sforzo alla costruzione della loro identità.

Una volta trascorsa l'adolescenza, è probabile che, soprattutto le femmine, si interroghino sulle caratteristiche della loro eventuale prole futura.

Dovranno immedesimarsi soltanto con la fantasia nel loro io

corporeo futuro che pure è un nucleo così importante della personalità, e lo è tanto di più durante l'adolescenza quando le trasformazioni e le crescite repentine non permettono di sentirlo come proprio.

Sul piano dell'identità economica e sociale saranno aiutati dalle figure dei genitori adottivi, che costituiscono un modello sul quale regolare l'impegno per la vita lavorativa e l'ambiente sociale, ma ciò non vale per la definizione dell'identità fisica futura.

Anche nella sfera economica e sociale, va notato, può esserci qualche problema legato al fatto che, mediamente, le famiglie adottive appartengono a un livello sociale medio-alto, mentre i ragazzi sanno o hanno specifici ricordi relativi al fatto di provenire da strati economici svantaggiati.

Negli ultimi secoli, a partire dall'industrializzazione, la generazione successiva progrediva sempre nella scala sociale rispetto a quella precedente. Ultimamente si sta assistendo a un'inversione di tendenza per cui, almeno in Italia, la generazione successiva rimane ferma o addirittura fa un passo indietro rispetto al livello sociale dei genitori. Se i figli adottivi si vengono trovare in questa situazione potrebbero avvertirla con maggior sofferenza, benché si tratti di una realtà sociale diffusa e non di una problematica specifica.

Oltre alla mancanza di notizie sull'aspetto dei genitori, gli adolescenti hanno un "buco" relativo al motivo per cui sono venuti al mondo. Chi ha avuto relazione con i propri genitori ha saputo quando è stato concepito, in che momento della loro relazione e in qualche modo il suo "essere al mondo" – tema filosofico che inquieta la nascente capacità raziocinante degli adolescenti – gli è stato chiarito.

Gli adolescenti infatti attraversano un periodo di messa a punto filosofica, oltre che esistenziale: spesso interessi religiosi o politici nascono proprio in questo momento in cui il pensiero è capace di andare al di là dell'immediato. Non è un caso che i primi rudimenti della filosofia vengano impartiti, nella scuola, in questo periodo.

La domanda di fondo è quella relativa alla propria esistenza e il ragazzo adottato non ha nessun riferimento in proposito, ha chiaro solo il fatto che nella sua vita si è verificata una, o più, fratture. La prima è stata quella dell'abbandono, la seconda quella dell'istituzionalizzazione (qualche volta le due cose hanno coinciso) e infine la vita nella famiglia adottiva. Noi siamo propensi a vedere questo ultimo terremoto come un evento estremamente positivo, una liberazione dalle catene dell'istituto e della povertà, tuttavia ci sono state delle discontinuità che devono essere capite ed elaborate.

Mi sembra che le difficoltà che questi ragazzi possono manifestare con la storia come disciplina scolastica siano da ricondurre proprio a questa percezione di discontinuità da un lato e di mancanza dall'altro.

La maestra delle elementari che richiedeva la foto dell'alunno quando era piccolo, il racconto della vita dei nonni, o altri tipi di esercitazioni attualmente privilegiate per sviluppare nei bambini il senso della storia, creano tanta difficoltà nel bambino adottato, anche perché, mancandogli queste informazioni, lui il senso della storia non ce l'ha. Dalla storia personale si crea il senso della storia della civiltà.

Ammesso che l'adolescente sia riuscito a risolvere le sue difficoltà con la *storia* in senso scolastico, sicuramente non ha ancora risistemato il senso della sua *storia personale*.

Per farlo sarebbe necessaria una superiore capacità di astrazione e di inferenze: eventualmente notizie sul proprio Paese di origine e in generale sulla situazione sociale al momento della sua nascita.

Nell'adolescenza una qualche spiegazione della propria esistenza deve essere messa a punto, si deve accogliere l'idea che il proprio concepimento e la propria nascita non sono stati solo "uno sbaglio", malgrado poi non abbiano portato a una normale crescita insieme con i genitori. Tutto questo è doloroso e secondo me avviene per questi giovani solamente in modo tortuoso, con scuse e ragionamenti, non con la tranquilla consapevolezza – che comunque poche persone fortunate possono maturare – di essere al mondo per un atto cosciente di amore dei genitori, che si è trasformato nella loro persona.

La loro è una storia in cui c'è una zona di mistero e una improvvisa e incomprensibile frattura.

Nella costruzione di una nuova continuità con la famiglia adottiva ritengo quindi preziosa la figura dei nonni adottivi. Sentire che il padre del padre è il "mio" nonno può assicurare un senso delle cose che, anche se, su una strada parallela e sicuramente più astratta e mediata serve a situare la propria esistenza.

Secondo alcuni ricercatori (Crook, 2003) la curiosità nei confronti delle proprie origini non è legata alle caratteristiche del rapporto con i genitori adottivi. Non è cioè che i ragazzi desiderano conoscere le loro "radici" se i rapporti con la famiglia adottiva non sono buoni, possono esserlo come non esserlo. L'elemento fondamentale della domanda che vorrebbero rivolgere ai genitori naturali, soprattutto alla madre (almeno quello che hanno riferito alla ricercatrice che ne ha intervistati alcuni) è il perché sono stati abbandonati. Quindi è abbastanza chiaro come questo si leghi al problema della propria identità: "Cosa avevo che non andava per cui lei non mi ha voluto tenere?" e rimanda all'insicurezza e ai sensi di colpa, spesso non consapevoli, che questi ragazzi provano.

Come tutti sappiamo il senso di colpa, inconscio e primitivo, non è razionale: è noto che, per esempio, i bambini piccoli possono sentirsi in colpa per il divorzio dei genitori. Quindi questo sentimento, qualora emergesse, non va affrontato con gli argomenti della razionalità, bensì con quelli dell'accettazione.

Dell'Antonio fa notare come per il bambino l'adulto sia per definizione onniscente e non sbagli: i bambini cresciuti in istituto è probabile che abbiano alimentato nella loro infanzia la fantasia di un genitore incolpevole che invece li ha lasciati per qualche loro colpa (semplice logica del taglione che domina l'idea infantile di giustizia) e possono anche avere nutrito per anni la speranza che questo genitore sarebbe poi tornato a recuperarli se fossero stati davvero buoni.

È evidente come questi miti siano patogeni.

Il mito del romanzo familiare è in realtà sviluppato da tutti i bambini, ha sostenuto Freud. In momenti diversi della propria infanzia molti di noi hanno pensato che quelli che ci erano toccati non erano davvero i nostri genitori, che ne avevamo di migliori, forse di alto lignaggio, infine che forse eravamo stati adottati.

Per i ragazzi adottati la fantasia è invece una realtà con la quale fare i conti.

Nei Paesi dove il recupero di informazioni sui genitori naturali è, per quanto complesso, fattibile, gli esiti di un'eventuale indagine possono raggiungere vari livelli: sapere il nome, ma non contattare mai il genitore biologico; incontrarlo una volta; incontrarlo a più riprese nel corso degli anni... Ma, per quello che so, non accade mai ciò che qualche genitore adottivo particolarmente ansioso paventa: che il giovane, ormai cresciuto, vada a vivere insieme o consideri davvero preminente nei suoi affetti il genitore biologico. È invece stato osservato come risolvere questi dubbi di fondo rinforzi il legame con i genitori adottivi.

Si parla quindi di "curiosità genealogica" da parte dell'adolescente adottato. Per favorire chiarezza e continuità tra la vita prima e dopo l'adozione, è evidente che questa curiosità debba essere assecondata in maniera ragionevole e sensata. Come sempre le forzature, sia nella direzione di un rifiuto di questo interesse da parte del ragazzo – perché tale curiosità viene interpretata come un tradimento della nuova famiglia – sia nella direzione opposta di intraprendere azioni investigative complesse per appurare quello che dai documenti non è dato sapere, non sono sensate e sane.

È stato sottolineato come questo desiderio possa avere aspetti masochistici, perché mette il giovane a rischio di sperimentare un nuovo rifiuto.

Si può invece programmare un viaggio nel Paese di provenienza del ragazzo e si possono fornire le scarse notizie acquisite al momento dell'adozione. Si può riflettere su quello che della cultura, della tradizione, della gastronomia del Paese di provenienza del giovane si conosce e si apprezza. Riemerge quindi il tema della relazione con la madre, di solito ritenuta come l'unico vero legame con il passato e si prospetta l'alternativa tra considerarla colpevole dell'abbandono o, e questa è evidentemente l'opzione più sana e consolante, pensare a lei come a qualcuno che comunque ha voluto far nascere il bambino: almeno questo atto di amore nei confronti del figlio lo ha avuto.

I limiti e le possibilità di *raccogliere informazioni*, anche nel nostro Paese sono disciplinati da leggi (476/1998 e 149/2001) che tuttavia hanno aspetti un po' confusi. Da un lato il figlio ha diritto a sapere che è stato adottato e quindi i genitori hanno il dovere di informarlo, dall'altro pone dei limiti alla raccolta di informazioni sui genitori biologici. Per il figlio minorenne subordina l'indagine al beneplacito del genitore adottivo. Prevede poi la possibilità per il giovane tra i 18 e i 25 anni di accedere alle informazioni solo per gravi e comprovati motivi. Dopo i 25 anni, quindi nel caso di adottati divenuti ormai adulti, rimanda la raccolta di informazioni alla decisione del giudice del Tribunale dei Minorenni. Gli ufficiali di Stato civile non hanno il permesso di fornire informazioni se interrogati. La legge, è stato notato, è frutto di un compromesso tra la legislazione italiana, che tendeva a opporsi alla possibilità di raccogliere informazioni, e quella europea che lo permetteva. Esprime una mentalità che continua a tutelare la segretezza (tra l'altro ovviamente non permette di risalire al genitore biologico se questi non ha voluto riconoscere il figlio) e quindi è più vicina alle situazioni dell'adozione nazionale che a quelle dell'adozione internazionale.

Come abbiamo accennato, i bambini istituzionalizzati sono stati privati della presenza di un adulto che risvegliasse ricordi e situazioni che servono a dare continuità alla propria autobiografia. Inoltre l'appiattimento sulle regole dell'istituto può essere stato responsabile della costruzione di una personalità "come se", acquiescente, di facciata, priva di disobbedienze, di trasgressioni, ma anche senza reale conoscenza delle proprie emozioni.

Tutto questo penso possa spiegare gli aspetti trasgressivi, così tipici del comportamento degli adolescenti adottati, che pure erano stati bambini così obbedienti...

La dimensione trasgressiva è ora una dimensione possibile, che può essere pensata, a essa non fa da contrappeso una conoscenza di sé che mostri come quei comportamenti possano non essere la scelta giusta, in quanto la propria identità autentica è totalmente sconosciuta.

Personalmente, da colloqui e contatti, ho avuto l'impressione che se il bambino ha trascorso i primi anni in istituto l'idea di sé non sia stata coltivata, e sia invece segnata dal lutto, dai sensi di colpa inconsci, dall'insicurezza: sia quindi un'identità inarticolata e sconosciuta.

Il ragazzo non sa davvero chi è e cosa vuole e ha, al massimo, un'immagine grossolana della propria personalità.

Migliore è la situazione dei bambini adottati da neonati, ma anche loro soffrono inevitabilmente di un *senso di perdita*.

Talvolta in questo sforzo di costruzione di sé il ragazzo può creare un'immagine di un *doppio*, un altro se stesso, un personaggio cui attribuire le proprie vicende e i propri sentimenti. Questa operazione può essere vista come una sorta di esercizio di identità, ed è da coltivare e da discutere insieme al ragazzo, se ce lo permette.

Con ancora maggiore coerenza che per i genitori di tutti gli adolescenti, si deve adottare un *sistema di protezione flessibile* (Scabini, 1998). Questo vuol dire che le briglie devono essere allentate per garantire le necessarie esplorazioni del mondo, ma contemporaneamente la funzione di controllo, di presenza a casa, deve essere assicurata in maniera costante.

La metafora che mi viene sempre in mente è quella di "tenere la barra", pensando a un timone che viene fatto pericolosamente ruotare dai comportamenti più o meno sconsiderati del figlio. L'angoscia può essere tale da pensare a una rottura del patto adottivo. Tuttavia, anche senza pensare a sviluppi così drammatici, il timone della relazione familiare va tenuto saldamente in mano per comunicare accettazione, malgrado tutto.

Un'ulteriore incombenza dell'adolescente è la *messa a punto della propria identità sessuale adulta*, cioè il fatto di sapere come vivere e indirizzare il desiderio sessuale.

Non solo Sigmund Freud, ma molti altri studiosi hanno notato come durante l'adolescenza ci sia un riattivarsi delle fantasie edipiche, per cui il ragazzino può ritrovarsi a fare sogni erotici che riguardano la mamma e la ragazzina il padre. Questa fase, che provoca un certo turbamento, di solito viene superata attraverso un'ulteriore identificazione con il genitore dello stesso sesso (come nella prima crisi edipica, sui 5 anni) e ridirigendo la sessualità al di fuori della famiglia, come è normale e giusto.

La prima problematica edipica viene risolta nel momento in cui il bambino, tipicamente il maschietto, ha cercato di diventare come il padre, rendendosi conto che è lui il partner amato dalla mamma, mentre il desiderio di sedurre la mamma è stato messo a tacere.

Quindi, l'identificazione nel genitore dello stesso sesso si è realizzata sulla base delle pulsioni edipiche verso il genitore di sesso opposto.

Il periodo successivo, definito di latenza e che va dai 5-6 anni alla pubertà, è caratterizzato da una scarsa presenza di fantasie sessuali. Questa visione psicoanalitica classica è comunque oggi contestata da più parti.

A noi basta ricordare, riprendendo il filo del problema dell'identità sessuale che, dopo la pubertà, nel periodo adolescenziale le due questioni devono essere di nuovo risolte: "come faccio a diventare un maschio (o femmina) adeguato?" e "dove posso trovare un partner?".

Per i figli adottivi questa ulteriore, normale per tutti, riedizione e risoluzione delle problematiche edipiche è complicata dal fatto che, nei confronti del genitore adottivo, non ci sono legami di sangue, e il tabù dell'incesto deve essere accettato fino in fondo in nome del solo ruolo di cura che il genitore adottivo ha rivestito, mentre l'identificazione con il genitore dello stesso sesso – che è un pezzo del percorso verso la sessualità adulta – può scontrarsi con una maggior percezione di essere diverso da lui.

Una risoluzione drammatica: il fallimento adottivo

Questa possibilità rappresenta l'opzione estrema, che avviene in rari casi e che assume la forma della "restituzione" del bambino, più spesso dell'adolescente, che a quel punto viene accolto in un istituto italiano. Sia infatti che la restituzione avvenga durante l'anno di affido preadottivo sia in età successiva, i ragazzi sono comunque cittadini italiani e quindi la questione del loro abbandono deve essere gestita dal nostro Paese. Il più delle volte il ragazzo rimarrà in istituto o in una casa-famiglia, fino alla maggiore età, per poi avere un futuro estremamente incerto; nei casi più positivi, può invece realizzarsi una relazione con una nuova, diversa famiglia adottiva. La restituzione è una possibilità che riguarda i minorenni. Dal punto di vista quantitativo si tratta di un fenomeno raro, si parla dell'1,8% nel quadriennio 1998-2001, cioè di 169 bambini (*Percorsi problematici dell'adozione internazionale*, 2003).

In proporzione appare più probabile un esito di questo genere per l'adozione nazionale piuttosto che per quella internazionale.

Perché considerare questo fenomeno, cui da un lato non vorremmo nemmeno pensare e che, dall'altro, sembra poter difficilmente riguardare i lettori di questo libro, che si presume partano con le migliori premesse possibili per percorrere il percorso adottivo? Parlarne serve invece a prendere consapevolezza degli elementi di rischio e quindi affrontarli in maniera responsabile.

Anche se il dato più drammatico può sembrare l'uscita del figlio dalla famiglia, spesso questa opzione è la conclusione di un rapporto tormentato e infelice per tutti i protagonisti, che ha provocato enormi sofferenze.

Le interviste fatte agli adottati restituiti parlano spesso di violenze e abusi, ma talvolta solo di una terribile rigidezza nella famiglia adottiva, che imponeva solo i propri bisogni e non accoglieva quelli dell'adottato, che lo isolava dal mondo dei coetanei, della scuola, in nome di un diritto di proprietà acquisito grazie all'adozione. Qualche volta la restituzione era avvenuta quindi anche per volontà dell'adottato che aveva l'età e la capacità di mettersi in contatto con i servizi sociali e richiederne l'intervento per sfuggire a una situazione che riteneva insostenibile. Spesso erano gli insegnanti i primi confidenti di queste relazioni tormentate.

La causa di tutto ciò viene quindi ricondotta a due errori:

- l'errata scelta della famiglia adottiva che, malgrado il proprio desiderio di genitorialità, non era in grado di affrontare l'incontro con la diversità del figlio adottivo;
- l'abbinamento tra quella famiglia e quel figlio.

Tutti e due gli errori sono quindi riconducibili a un lavoro inadeguato da parte dei servizi durante l'istruttoria per valutare la coppia e successivamente nell'abbinamento di quel bambino con quella coppia.

Va detto che attualmente l'abbinamento, che come si vede è un momento delicato, viene svolto, per l'adozione internazionale, dalle autorità del Paese straniero di origine del bambino e quindi i nostri servizi possono solo segnalare alcuni elementi dei quali tenere conto nell'abbinamento.

Una volta l'abbinamento era lasciato al "fai da te" , mentre attualmente viene gestito nel Paese straniero dalle organizzazioni riconosciute, che quindi esplicano davvero una funzione preziosa. In caso di eccessiva difformità tra la relazione del servizio italiano e la proposta delle autorità estere dovrebbero opporsi o comunque mobilitarsi.

Ricostruendo le vicende del recente passato, in cui l'adozione veniva gestita semplicemente dalla buona volontà di avvocati, religiosi o faccendieri, è emerso che spesso i fallimenti riguardavano i casi in cui la coppia era andata all'estero pensando di adottare un certo bambino, portandosi dietro anche la foto, che le era stata inviata, e poi si era vista proporre un'altra "soluzione", che veniva vissuta come un ripiego. Era quindi prevedibile un risultato problematico. Sono stati addirittura descritti casi in cui erano i bambini a poter scegliere in una galleria di genitori, presenti in una stanza: chi correva più lentamente tra le braccia delle coppie si beccava la coppia scartata da tutti e, soprattutto, lo sapeva...

Queste storie, se da un lato stimolano i servizi a fare di più e meglio, dall'altro devono essere tenute presenti dalle coppie che si sentono "ingiustamente" tormentate dalle domande di chi svolge la valutazione. L'adozione è un processo delicato e l'esperienza di chi se ne occupa, ed è formato per questo, va riconosciuta e accettata.

Queste mie osservazioni possono forse in parte consolare coppie in attesa della segnalazione del bambino da adottare, a cura delle organizzazioni deputate, dei tempi che ritengono troppo lunghi: dietro ai tempi lunghi ci può essere una gestione più accurata degli abbinamenti.

Diventare adulti

L'indipendenza

La vita di una persona adottata è stata particolarmente soggetta alla *volontà di altri*: qualcuno ha pensato bene di allontanarlo da sé e dalle sue cure, qualcun altro ha deciso di dedicargli le proprie. Qualche volta le due vicende si sono svolte a migliaia di chilometri di distanza, per cui la storia, anche se a lieto fine, ha previsto uno sradicamento culturale, linguistico, relazionale.

Gli adolescenti sono di solito attenti al problema della loro libertà e quindi non è raro che moltiplichino le manifestazioni di autonomia proprio nel momento in cui prendono coscienza di tutto ciò che si è svolto al di sopra della loro testa.

D'altro canto diventare grandi, cioè autonomi, liberandosi dalla dipendenza dai genitori, perché questo vuol dire diventare adulti, può essere più duro per un giovane che avverta un carico particolarmente ingombrante di riconoscenza verso chi lo ha accolto.

Quando finisce?

Questa brutale domanda può aleggiare nella testa del genitore, che può essere messo a dura prova dalle agitate vicende che abbiamo descritto, spesso proprio perché attraversate da sconquassi e comportamenti manifesti, non facilmente ignorabili e quindi preoccupanti anche per l'occhio meno attento.

Alcuni ricercatori sottolineano come le prime difficoltà dei bambini adottivi si manifestano già nell'età scolare, quando il bambino è cognitivamente in grado di affrontare la questione della sua origine e della sua diversità, hanno un culmine nell'adolescenza, con i problemi di identità dei quali abbiamo parlato, mentre si attenuano nella giovinezza. Come dire quindi che i problemi si risolvono!

Quello che deve realizzarsi è la transizione dell'adolescente all'età adulta, che comporta l'acquisizione di una più solida immagine di se stesso e del proprio futuro. Questa consapevolezza sarà quella che renderà sensata per tutti l'idea di un figlio autonomo che, eventualmente, si allontani dal nido familiare.

Tutti sappiamo che oggi si parla di eterni adolescenti, perfino i film rappresentano la condizione di trentenni che preferiscono stare a casa, manifestando quindi la volontà di non spiccare il volo, di non diventare adulti. Molte analisi sottolineano come dietro a questa incapacità ci siano anche ostacoli esterni legati al lavoro, precario, alla indisponibilità di case a prezzi ragionevoli ecc.

Gli adolescenti italiani adottati della fine degli anni Novanta, in maggioranza, pongono l'inizio dell'età adulta tra i 19 e i 24 anni, con un maggiore ritardo per le femmine rispetto ai maschi (per molte l'età giusta sono 25-29 anni), comunque in tempi comparabili a quelli degli altri ragazzi italiani della loro generazione. Sembrerebbe quindi che la crisi adolescenziale sia comunque superabile in tempi umani e quindi ai genitori tocchi solo avere pazienza a calma.

Peraltro il punto più basso nel livello di soddisfazione per le relazioni familiari sia dei padri sia delle madri sia dei figli lo si raggiunge nella tarda adolescenza (17-19 anni) mentre poi il livello risale quando i figli sono giovani adulti. Come dire, che bisogna toccare il fondo per poi riemergere con una nuova relazione soddisfacente, quella che caratterizza un rapporto tra adulti (Bramanti e Rosnati, 1998).

Un ulteriore problema è costituito però dalle aspettative dei genitori. I genitori dei ragazzi adottati sono meno propensi a riconoscere l'autonomia raggiunta dai figli e a dichiararsi disposti a farli allontanare da casa. Probabilmente è un meccanismo che cerca di compensare il tempo troppo breve trascorso insieme: di fatto cercano di frenare il distacco.

"Nostos", il ritorno

Vorrei concludere il percorso facendo riferimento alla possibilità che esso venga coronato da un viaggio. Mi risulta che non sia infrequente che i ragazzi adottati tramite l'adozione internazionale, una volta divenuti adulti, desiderino tornare nel loro Paese d'origine.

Questa mi sembra la conclusione ideale, una sorta di chiusa musicale "in maggiore" del percorso adottivo, per poi aprirsi a tutte le modalità del diventare a loro volta adulti, genitori ecc.

Ho colto il valore di questa esperienza grazie alla tesi di laurea di Marco R. Cioni (2007), che ha intervistato 10 fra postadolescenti e giovani adulti che avevano avuto questa esperienza.

Risulta così che esistono enti, come il CIAI (Centro Italiano Aiuti all'Infanzia), che organizzano proprio questi viaggi, definiti "viaggi alle origini", che si svolgono in gruppo e sono accompagnati. L'accompagnamento non è turistico ma di sostegno, affinché lo spirito di ricerca e di verità che anima il viaggio dia un buon risultato. Nell'ottica antropologica, è stato rimarcato che un bambino adottato, quando è arrivato nel Paese straniero adottante, si è trovato in una condizione di particolare iniquità per la propria integrazione culturale: solo, senza un gruppo alla spalle, in una condizione di assoluta dipendenza. Scoprire il proprio Paese d'origine è quindi una forma di recupero della propria dignità culturale che può sanare una ferita lontana, spesso inconsapevole (Marazzi, 1993). Frequente è che il viaggio sia svolto con la famiglia adottiva. Qualche volta anche nel corso dell'infanzia e dell'adolescenza ci sono stati dei viaggi, ma hanno un carattere diverso da quello che si svolge alla fine dell'adolescenza o addirittura in età adulta, qualche volta addirittura con il proprio compagno di vita. In qualche caso, ancora, il viaggio è stato l'occasione per riapprendere la propria lingua di origine.

Quando il viaggio è compiuto con la famiglia adottiva, si tratta di un percorso nel quale chi ha sostenuto il figlio quando era piccolo continua a farlo e legittima la sua volontà di recupero delle proprie radici. Per l'adulto che viaggia con il compagno si tratta di una forma di presentazione di se stesso, anche in aspetti che lui stesso potrebbe ignorare.

Esiste anche la possibilità che la famiglia adottiva si opponga al viaggio, lo tema come un disconoscimento o addirittura come un pericolo che il figlio non torni più.

Personalmente ho sempre desiderato accompagnare mio figlio nel suo Paese d'origine, ma ho avuto timore a farlo fino alla sua maggiore età perché, certo in maniera irrazionale, temevo che me lo potessero portare via. Ricordo con terrore l'ispezione dei passaporti all'aeroporto del suo Paese al momento della partenza per l'Italia, e la domanda dei poliziotti, malgrado i documenti fossero completi e regolari e i visti in ordine: «Ma dove sono i genitori?...», perché evidentemente qualche elemento del suo passaporto li aveva "insospettiti". Il timore della burocrazia più o meno miope è stato tale che ho giurato a me stessa di aspettare la sua maggiore età, il momento nel quale cioè mio figlio avrebbe potuto decidere di se stesso, per prendere in considerazione l'idea di un viaggio di ritorno. Il viaggio non è necessariamente indirizzato alla ricerca delle tracce dei propri genitori biologici, molto spesso ne prescinde, ma è un modo adeguato di fare i conti con la propria identità.

Proprio per questo può anche essere motivo di sofferenza: le interviste parlano di pianti liberatori, ma anche dello scatenarsi di una grave forma psicopatologica, innescata da questa esperienza, vissuta in qualche modo come la distruzione di un sogno.

Varie le affermazioni di commosso stupore nel vedere che in quel Paese tutti hanno il suo stesso aspetto, e magari si rivolgono al giovane adottato nella lingua del luogo, che invece spesso egli non conosce più.

La destinazione più frequente di questo tipo di viaggi è l'istituto, del quale si hanno sempre precisi elementi di riferimento. Le stanze, i cortili vengono ripercorsi con la consapevolezza che sono luoghi visti, anche se non ricordati, ma l'esperienza più sconvolgente è il contatto con i piccoli ospiti attuali dell'istituzione. Il comportamento di questi bambini è uno specchio nel quale gli adulti, andati via tanti anni prima si riflettono. Spesso sono queste le uniche vere radici che è possibile ricostruire, e hanno un grande valore esperienziale. La ricerca del genitore, soprattutto della madre, risulta a quel punto meno urgente della possibilità di riannodare i fili della propria esistenza vissuta.

Alcuni di questi adulti percepiscono allora l'esigenza di adottare a loro volta un bambino, come ulteriore forma di continuità di affetti. La continuità tra le generazioni della filiazione biologica, diventa quindi la continuità della relazione adottiva.

Conclusioni

Vorrei concludere il mio percorso con questa possibilità, che mi sembra molto positiva: che si verifichi una "restituzione" al mondo di quello che il bambino adottato ha ricevuto da una specifica coppia genitoriale.

Più in generale vorrei però chiarire come l'indicare tante difficoltà e problemi e tanti momenti e occasioni di possibile sconforto voglia essere un invito alla prudenza, ma non alla rinunzia. Conterei quindi sul pessimismo dell'intelligenza, ma anche sull'ottimismo della volontà.

Anche sul piano squisitamente cognitivo vorrei condividere con i futuri genitori adottivi alcune interessanti affermazioni sostenute da ricercatori di psicologia dello sviluppo.

In buona parte della psicologia classica e soprattutto in quella parte del pensiero psicoanalitico che è divenuto sapere comune, condiviso a livello di "buon senso", era diventato scontato che le prime esperienze fossero anche le più decisive nella vita delle persone. Questa convinzione è stata sicuramente alimentata dai resoconti di casi clinici nei quali bambini piccolissimi avevano dei "traumi" e questo danneggiava tutto il loro sviluppo futuro. Faccio riferimento per esempio al famoso "Caso dell'uomo dei lupi", un giovane russo, divenuto paziente di Freud, che si era rivolto al grande luminare in quanto ridotto in un condizione di gravissima sofferenza nevrotica. L'analisi svolta da Freud scopre nel passato del paziente, che racconta un sogno nel quale gli era apparso un albero sui cui rami si trovavano dei lupi bianchi, la probabile esperienza traumatica di avere assistito ai rapporti sessuali dei genitori (che indossavano biancheria bianca).

Si tratta della cosiddetta scena primaria, ritenuta così patogena per la psiche infantile. Non voglio certo sminuire l'ampiezza e profondità del lavoro psicoanalitico, ma va notato che questo caso è divenuto un po' un esempio di questo approccio semplicistico allo sviluppo: un "trauma" precoce può rovinare una persona.

In base a questo presupposto il compito che devono affrontare i genitori adottivi sarebbe davvero una mission impossible *dovendo cercare di guarire una personalità irrimediabilmente compromessa.*

Il punto di vista attuale privilegia invece l'idea che non siano gli episodi puntiformi, come un trauma, a creare tanto danno, ma situazione protratte di sofferenza e, anche in quest'ultimo caso, che potremmo pensare come più simile all'esperienza di vita del nostro bambino abbandonato, non vale il principio che tanto più precoce è stata l'esperienza negativa, tanto più profonda ne è l'influenza.

Come afferma icasticamente lo psicologo inglese Schaffer, non è vero che the earliest, the deepest, *non è che il cervello infantile sia più pervio ai colpi della sorte di quello di una persona che ha più anni. Tutti noi siamo quello che siamo per come ci siamo costruiti giorno per giorno e, se si devono cercare dei momenti particolarmente sensibili nella messa a punto della nostra personalità, è più probabile trovarli nell'adolescenza, che nell'infanzia. Eventualmente, di nuovo, una particolare attenzione allo snodo dell'adolescenza!*

Tutto ciò vuole comunicare un messaggio ottimistico relativo alla plasticità degli individui, al fatto che i nostri bambini " feriti", seguiti con amorosa costanza, possono diventare invece degli adulti robusti.

Bibliografia

A.A.V.V. (1993), *Adozione internazionale, le due culture*, Aibi.

Adozioni internazionali sul territorio e nei servizi (2003), studi e ricerche a cura della Commissione per le adozioni internazionali, Istituto degli Innocenti, Firenze.

Bramanti D. e Rosnati R. (1998), *Il patto adottivo: l'adozione internazionale di fronte alla sfida dell'adolescenza*, Angeli, Milano.

Chistolini M. (2003), *Il decreto di idoneità*, in *Adozioni internazionali sul territorio e nei servizi*, studi e ricerche a cura della Commissione per le adozioni internazionali, Istituto degli Innocenti, Firenze, pp. 236-248.

Cioni M.R. (2007), *"Il viaggio del ritorno", un'esperienza significativa dell'adozione*, tesi di laurea non pubblicata, Università di Firenze, facoltà di Scienze Politiche.

Coppie e bambini nelle adozioni (2007), rapporto della Commissione 2000-2006, a cura della presidenza del Consiglio dei Ministri, Ministero delle politiche per la famiglia, Commissione per le adozioni internazionali, Istituto degli Innocenti, Firenze.

Cramer B. (1992), *Professione bebè*, Boringhieri, Torino.

Crook M. (2000), *L'immagine allo specchio: adolescenza e adozione*, ed. Scientifiche Ma.gi, Roma.

De Langen M. (1990), *L'adozione internazionale*, «Esperienze di giustizia minorile», vol. IV, pp. 104-114.

Dell'Antonio A.M. (1986), *Le problematiche psicologiche dell'adozione nazionale e internazionale*, Giuffré, Milano.

Dell'Antonio A.M. (1994), *Inserimento scolastico del bambino di colore adottato*, «Bambino incompiuto», vol. X, n. 5, pp. 65-73.

De Rienzo E., Saccoccio C., Tonizzo F. e Viarengo G. (1999), *Storie di figli adottati: l'adozione vista dai protagonisti*, UTET, Torino.

Erikson E.H. (1963), *Infanzia e società*, Armando, Roma.

Forni E. e Gandolfi Negrini E. (1989), *A loro la parola. I figli adottati dal Terzo mondo raccontano la loro esperienza*, Piemme, Milano.

Guidi D. e Tosi M.N. (1996), *Genitori di bambini adottati, una sfida per costruire il nuovo romanzo familare ovvero una storia familiare condivisa*, in E. Scabini e Donati P. (a cura di), *Famiglia e adozione internazionale: esperienze normative e servizi*, «Quaderni del centro Famiglia», 15, Vita e Pensiero, Milano.

Guidi D. e Tosi M.N. (1997), *La verità narrabile al figlio adottivo*, «MINORIgiustizia», 2, pp. 61-64.

Marazzi A. (1993), *Aspetti antopologici. Vivere in una società multietnica: identità personale e coscienza di gruppo*, in A.A.V.V. (1993), *Adozione internazionale, le due culture*, Aibi, pp. 22-43.

McRoy R.G. e Zurcher L.A. (1983), *Transracial and inracial adoptees. The adolescent years*, Springfield, Thomas.

Percorsi problematici dell'adozione internazionale. Indagine sul fenomeno della "restituzione" dei minori adottati da altri Paesi (2003), studi e ricerche a cura della Commissione per le adozioni internazionali, Istituto degli Innocenti, Firenze.

Scabini E. (1998), *L'organizzazione familiare, tra crisi e sviluppo*, Angeli, Milano.

Sormano E. (1991), *L'altra adozione*, Giuffré, Milano.

Per approfondire

Il panorama bibliografico sull'adozione è vastissimo. Mi limiterò a indicare alcuni testi italiani specificandone le caratteristiche, in modo da evitare al lettore un po' di sforzo nella scelta.

Alloero L., Pavone M. e Rosati A. (1991), *Siamo tutti figli adottivi. Otto unità didattiche per parlare a scuola di maternità e paternità*, Rosenberg e Sellier, Torino.
Prezioso per spiegare il concetto di maternità e paternità fondato sui rapporti affettivi, per gli insegnanti della scuola dell'obbligo.

Bramanti D. e Rosnati R. (1998), *Il patto adottivo: l'adozione internazionale di fronte alla sfida dell'adolescenza*, Franco Angeli, Milano.
Contiene una fondamentale ricerca, ricca di spunti, sull'adolescenza dei ragazzi adottati con l'adozione internazionale, nella quale sono stati sentiti anche i genitori.

Chicoine J.F., Germain P. e Lemieux J. (2004), *Genitori adottivi e figli del mondo. I vari aspetti dell'adozione internazionale*, Erickson, Gardolo.
Scritto da un pediatra e da persone con competenze mediche, tratta ampiamente il tema della salute in una prospettiva di etnomedicina.

Dell'Antonio A.M. (1994), *Bambini di colore, in affido e in adozione*, Cortina, Milano.
Attenta disamina e approfondite ricerche sulle problematiche dell'adozione interrazziale.

Di Nuovo S., Scaffidi C. e Lizzio P. (1999), *Adozione: aspetti giuridici e problemi psicologici*, «MINORIgiustizia», 4, pp. 72-85.

Mette a confronto i dati derivanti da una ricerca sull'atteggiamento verso l'adozione e quelli sui bambini adottabili presenti negli istituti nel nostro Paese.

Farri M., Pironti A. e Fabrocini C. (a cura di) (2006), *Accogliere il bambino adottivo: indicazioni per insegnanti, operatori delle reti di aiuto e genitori*, Erickson, Gardolo.
Una pubblicazione che presenta schede di unità didattiche utili per insegnanti della scuola primaria e altri operatori che si occupano di gruppi di bambini di età compresa tra i 6 e gli 11 anni.

Fava Viziello G., Boccanegra T., Simonelli A., Calvo V. e Petenà I. (1999), *Adozione e attccamento. Studio dei modelli di attaccamento in adolescenti adottati*, «Psichiatria dell'infanzia e dell'adolescenza», 6, pp. 647-657.
Tra i pochi lavori di ricerca a utilizzare strumenti collaudati per valutare le relazioni di attaccamento.

Fischetti C., Croce F. e Hassan G. (1999), *Un bambino da scoprire, Sviluppo e problemi dell'adozione internazionale*, Phoenix Edizioni, Roma.
È di impianto psicoanalitico, anche se non recentissimo; tuttavia, proprio per il taglio è assolutamente attuale.

Forcolin C. (2002), *I figli che aspettano. Testimonianze e normativa sull'adozione*, Feltrinelli, Milano.
Presenta un approccio abbastanza polemico verso le istituzioni che si occupano di adozione, fornendo molte testimonianze preziose su vicende di affidamenti.

L'inserimento scolastico dei minori stranieri adottati (2004), Commissione per le adozioni internazionali, Istituto degli Innocenti, Firenze.
Dati aggiornati su un'indagine nazionale e relativa discussione.

Mozzon G. (2002), *Genitori adottivi, lavorare in gruppo dopo l'adozione*, Armando, Roma.
Un lavoro clinico di impostazione psicoanalitica con gruppi di genitori adottivi.

Pati L. (a cura di) (1999), *L'educazione familiare alla prova: adottare un bambino straniero*, IEU, Università Cattolica del Sacro del Cuore, Milano.
Affronta con ottica pedagogica il problema dell'acculturazione del bambino straniero adottato.

Pas Bagdadi M. (1997), *Sono stato nella tua pancia? Come affrontare con intelligenza e creatività le difficoltà tra genitori e figli adottivi*, Edizioni Scientifiche Italiane, Napoli.
Scritto da una psicoterapeuta, raccoglie esperienze sul campo relative ai vissuti dell'adozione.

Scabini E. e Donati P. (a cura di) (1996), *Famiglia e adozione internazionale: esperienze, normativa e servizi*, Vita e Pensiero, Milano.
Volume in ottica interdisciplinare, curato da sociologi, clinici, giuristi.

Sembeloni P.G. (2001), *Genitorialità e adozione*, «Connessioni», marzo, pp. 71-81.
Un articolo che tocca i tre punti critici del processo adottivo – il primo incontro, il "disvelamento" e la conquista dell'identità adolescenziale –, scritto da uno psicoterapeuta e padre adottivo.

Viaggio nelle scuole. I sistemi scolastici nei Paesi di provenienza dei bambini adottati (2005), Presidenza del Consiglio dei Ministri, Commissione per le adozioni internazionali, Istituto degli Innocenti, Firenze.
Dati completi e aggiornati sui Paesi dai quali solitamente provengono i bambini adottati tramite l'adozione internazionale, dalla Bielorussia all'Etiopia all'India.

«Vita Scolastica»
La rivista (edita da Giunti) si trova nelle librerie. Prevede regolarmente inserti dedicati all'educazione linguistica che, pur essendo rivolti in primo luogo agli insegnanti della scuola dell'infanzia, possono essere letti e applicati con profitto da genitori che cercano di lavorare sulle competenze linguistiche dei figli.

Anche su vari siti è possibile ottenere informazioni utili. Vorrei segnalarne alcuni pur non assumendomi responsabilità su tutti gli aspetti del contenuto e delle attività illustrate. Alcune delle associazioni che si prendono cura di seguire le adozioni all'estero hanno propri siti.

www.commissioneadozioni.it
Sito curato dalla Commissione per le adozioni internazionali che fornisce in modo veramente chiaro tutte le informazioni, pratiche e non solo.

it.wikipedia.org/wiki/Adozione
La pagina di Wikipedia dedicata alle adozioni, contiene i testi delle leggi italiane relative all'argomento.

www.genitorisidiventa.org
Uno dei molti siti curati dalle associazioni di genitori adottivi.

www.adozionigiuste.datafox.it
www.alfemminile.com/forum
Siti che ospitano forum di dialogo sul tema dell'adozione.

www.genitorialità.it
Sito di un'associazione per la promozione e lo sviluppo del sapere sulla genitorialità.

www. amicideibambini.it.
Sito dell'associazione Amici dei Bambini a partire dal quale si può risalire ad ampie e aggiornate indicazioni di lettura.

Indice

Titoli in collana

Monica Toselli
ADOTTARE UN FIGLIO

Giovanni D'Agostini
GLI ANNI DELL'INQUIETUDINE

Manuela Rosci
GENITORI SI DIVENTA

Jolanda Stevani
MAMME E POI?

Paolo Sarti
NEONATI MALEDUCATI

Anna Oliverio Ferraris
NON SOLO AMORE

Sergio Segantini
LE NOTTI BIANCHE